Où va l'économie mondiale ?

Sous la direction
de Jean-Marie Chevalier
et Olivier Pastré

Où va l'économie mondiale ?

Scénarios et mesures d'urgence

EDITIONS
ODILE JACOB

Contributions de François-Xavier Albouy, Wladimir Andreff, Patrick Artus, Jean-Paul Betbèze, Christian de Boissieu, Anton Brender, Paraskevas Caracostas, Jean-Marie Chevalier, Pierre Dockès, Claire Dreyfus-Cloarec, Patrice Geoffron, Pierre-Noël Giraud, Jean-Hervé Lorenzi, Charles-Albert Michalet, Bernard de Montmorillon, Ugur Muldur, Dominique Namur, Olivier Pastré, Jean-Paul Pollin et Michel Vigier.

Les droits d'auteur de cet ouvrage
seront versés à l'Unicef.

15, rue Soufflot, 75005 Paris

www.odilejacob.fr

ISBN 2-7381-1128-9

Introduction
Après le 11 septembre : fracas et renouveaux économiques

Par Jean-Marie Chevalier et Olivier Pastré

Depuis le 11 septembre, les économistes ont beaucoup parlé des incertitudes de la conjoncture économique mondiale. Ils ont en revanche assez peu évoqué les changements structurels profonds que ces événements et leur suite pourraient entraîner dans la sphère économique, politique et sociale.

En réfléchissant aux effets possibles de ces événements, nous sommes confrontés à de très nombreuses incertitudes où se mêlent de façon extrêmement complexe des éléments politiques, militaires, géostratégiques, sociologiques, qui sont largement exposés dans les médias par des représentants de ces disciplines avec parfois une certaine dose d'amalgame et sans doute d'intoxication. En tant qu'économistes, nous ne pouvons pas ignorer ces éléments, surtout dans une situation où trop d'informations tue l'information. Évoquons ainsi les questions qui nous préoccupent plus particulièrement. Comment la politique étrangère menée par les États-Unis depuis la guerre du Golfe a-t-elle créé dans le monde un tel potentiel de haine ? Dans quelle proportion ce sentiment de haine est-il lié à la question palestinienne ? Quel est le pouvoir de conviction du *djihad* parmi les millions de jeunes musulmans, sans emploi et souvent sans avenir professionnel, dans leur propre pays, que celui-ci soit riche ou pauvre ? Les terroristes ont-ils un projet ? Si oui, lequel ? Quels sont ses liens avec l'argent : celui des affaires, celui de la drogue et du crime, celui des hydrocarbures ? Quels sont les éléments qui conditionnent le maintien du pouvoir actuel en Arabie Saoudite, ou son renversement, sachant que ce pays joue un rôle central par sa position religieuse, politique, financière et pétrolière ? L'objectif de Ben Laden est-il le contrôle de l'Arabie Saoudite et des richesses qui y sont associées ? Quel contenu économique et politique peut-on donner à la nouvelle alliance entre Washington et Moscou ? Entre Washington et Pékin ?

Derrière ces questions, somme toute assez ponctuelles, des interrogations plus larges sur les mouvements de l'Histoire sont posées. Des thèses sont avancées. Le triomphe du marché marque-t-il la fin de l'Histoire, ou se dirige-t-on au contraire vers des chocs de civilisations, des chocs de religions ? Le problème mérite sans doute d'être mieux exploré et plus finement analysé car la dialectique des rapports de force internationaux, nationaux et régionaux n'a sans doute jamais été aussi complexe. La géopolitique du globe s'apparente aujourd'hui à la tectonique des plaques, imbriquées et multiples, génératrice des tremblements de terre.

Toutes les disciplines ont parlé. En tant qu'économistes, nous ne pouvons rester indifférents à de telles questions. Nous devons analyser à la fois leurs composantes économiques et les répercussions qu'elles peuvent avoir sur l'organisation économique du monde. On ne naît pas terroriste, on le devient ; les conditions économiques ne sont évidemment pas neutres dans une telle trajectoire. Derrière le terrorisme, il y a des frustrations, du sous-développement, des plans d'ajustement structurels plus ou moins durs et efficaces, des inégalités dans le partage des richesses, de la corruption, peut-être aussi des manipulations qui cachent l'exploitation des hommes et la soif des richesses.

Nous sommes un groupe d'économistes aux compétences complémentaires. Nous avons décidé de prendre la parole pour évoquer l'évolution de l'économie mondiale après le 11 septembre. Notre devoir est de parler, de réfléchir, de débattre, d'argumenter, tout en restant scientifiquement rigoureux, prudents et modestes. Nous n'avons pas cherché à construire ensemble une vision commune du futur mais plutôt à enrichir la discussion en combinant différents types de savoirs. Nous voulons parler vrai et nous voulons aussi tenir un langage d'espoir.

La première grande question théorique est celle de la rupture. Depuis la chute du mur de Berlin, le monde entier est engagé dans un mouvement de globalisation libérale marqué par la domination des marchés, le recul du pouvoir des États, le développement des échanges. Le mouvement paraissait extrêmement fort, irréversible, même si, dans certains domaines comme l'environnement ou le fonctionnement des marchés, des besoins de nouvelles formes de régulations se faisaient sentir de plus en plus fortement, non seulement du côté des adversaires de la globalisation, mais aussi chez les défenseurs des logiques de marché. Quels sont aujourd'hui les arguments qui permettraient de dire que cette évolution lourde et tendancielle est brisée ? Nous ne sommes pas encore en mesure de le dire. Toutefois, un certain nombre d'éléments semblent se conjuguer pour remettre en cause à la fois l'organisation mondiale de la production et des échanges fondée sur l'utilisation massive de transports bon marché et aussi le fonctionnement de cette organisation. Les éléments qui composent ces questions méritent d'être identifiés pour imaginer ensuite les différentes évolutions, les différents scénarios que l'on peut raisonnablement envisager dans le cadre, peut-être, de nouvelles formes de cohérence.

À partir de cette question centrale, rupture ou continuation, nos contributions sont organisées en chapitres autour de trois thèmes principaux : le mode de fonctionnement de l'économie mondiale, la transformation possible de certains secteurs particulièrement sensibles comme l'énergie, les transports et le tourisme, la prise en compte des risques et des incertitudes. Chaque chapitre examine les nouvelles questions qui se posent depuis le 11 septembre et insiste sur les problèmes à approfondir et à traiter en priorité et sur les mesures les plus urgentes à prendre.

Le mode de fonctionnement de l'économie mondiale va-t-il être bouleversé par les événements issus du 11 septembre ? Il est évidemment trop tôt pour répondre, mais l'une des questions majeures qui est posée est celle de l'articulation entre le politique et l'économique. Nous étions sur une trajectoire où l'économique l'emportait sur le politique, où les marchés l'emportaient sur les États. N'est-on pas obligé aujourd'hui de revoir la problématique de cette articulation à des niveaux qui sont à la fois locaux (les villes, les régions), nationaux, supranationaux (l'Europe, l'ALENA) et bien évidemment mondiaux ? La politique abandonnait l'économique ; c'est aujourd'hui le fonctionnement de la machine économique qui réclame du politique aux différents niveaux cités.

C'est tout d'abord le retour possible de l'État. Les attentats révèlent clairement une demande d'État, une demande de protection, à un moment où ce ne sont pas les États qui sont attaqués mais les individus, d'une façon imprévisible et parfois aléatoire. La protection des sites, des personnes, des flux (physiques, informationnels, financiers) est une demande qui est à la fois économique et politique. Mais de quel État s'agit-il ? Il y a des risques, notamment celui de voir surgir des États autoritaires et policiers qui menacent les libertés individuelles. L'articulation entre le pouvoir des États et celui des autres niveaux de commandement (local, européen, mondial) devient un sujet important de débat.

C'est ensuite une demande de régulation. Il est clair que les événements de septembre nous amènent à réfléchir sur la mise en place de nouvelles formes de régulation pour assurer le bon fonctionnement de la machine économique, pour éviter les abus et les détournements, pour réprimer les comportements économiques criminels. La régulation économique mondiale, entendue au sens le plus large, doit être revue et complétée. L'Europe, dans sa compréhension de la crise et au moment où elle passe à l'euro, peut jouer un rôle important de catalyseur.

C'est enfin la question du sous-développement, du partage inégal des fruits de la croissance, racines profondes des événements qui nous occupent. Si le retour des États se traduit par une meilleure protection pour les plus favorisés, la révolte des laissés-pour-compte n'en sera que plus explosive. Le développement économique, accompagné du développement démocratique, devient une priorité dont dépend la paix du monde.

Tous les secteurs d'activité sont concernés par le choc, mais certains, particulièrement sensibles et exposés aux événements, méritent une analyse particulière : énergie, assurances, transports, tourisme, nouvelles technologies de l'information et de la communication. Ce sont des industries de flux, des industries structurantes. Le développement passé de l'énergie, des transports et du tourisme était très étroitement lié à la croissance économique qui permettait aux plus favorisés de consommer davantage d'énergie, de voyager, de découvrir le monde. Certes, le comportement des consommateurs est marqué par une très forte inertie et l'on peut parfaitement concevoir que l'évolution tendancielle se poursuive, sans contrainte d'aucune sorte, avec une énergie et des transports bon marché à la disposition des plus favorisés de la planète, à un moment où deux milliards d'individus n'ont pas accès aux énergies modernes (électricité et produits pétroliers). On peut aussi envisager des scénarios différents dans lesquels ces industries se découplent de la croissance économique, amenant une réorganisation qualitative et quantitative des flux, organisation dans laquelle les nouvelles technologies ont un rôle majeur à jouer. Les évolutions possibles sont donc très contrastées ; la réflexion économique, politique et stratégique peut ainsi donner lieu, plus facilement qu'ailleurs, à la construction de plusieurs scénarios dont aucun n'est exclusif des autres. On peut vivre quelque temps dans une globalisation continuée pour basculer soudain dans la violence et revenir ensuite dans une globalisation plus finement régulée.

Les risques et les incertitudes constituent la troisième série de questions posées dans ce livre. Quels sont les moyens dont on dispose pour faire face aux menaces et couvrir les sinistres ? Pour la plupart des citoyens du monde, la probabilité d'occurrence des événements du 11 septembre était à peu près nulle. Aujourd'hui, tout est possible, et le traitement du risque, des incertitudes, de la sécurité devient une question majeure. L'industrie de l'assurance est en première ligne. Elle peut être tentée, elle aussi, de se tourner vers l'État, mais est-ce vraiment une bonne chose que de vouloir socialiser les pertes là où les profits restent privés ? On peut craindre que la sécurisation n'entraîne une augmentation significative du coût de fonctionnement des économies, mais peut-être le terrorisme de grande envergure n'aura-t-il été qu'un court moment dans l'histoire du monde ?

Cette interrogation sur les risques et les incertitudes, elle est le fait de tous, mais elle conduit en particulier les entreprises à une redéfinition de leurs orientations stratégiques dans un contexte nouveau. L'objectif principal des entreprises reste le profit, la construction et la protection du pouvoir de marché. Les événements actuels donnent une acuité particulière à l'arbitrage entre risque et rentabilité. Ils pourraient renforcer considérablement la concentration économique à travers les fusions-acquisitions qui, dans bien des cas, permettent à la fois la réduction de l'exposition au risque et le renforcement du pouvoir de marché. Ce qui peut paraître nouveau, c'est que les grandes entreprises ont un rôle majeur à jouer dans le bon fonctionnement de l'économie mondiale. Dans un monde où l'information circule vite, les citoyens les plus conscients acquièrent un contre-pouvoir vis-à-vis des entreprises. Celles-ci ont intérêt à soigner leur marque, leur réputation, la confiance que l'on peut leur faire. L'éthique des affaires, la qualité des produits, la responsabilisation des producteurs sont des exigences de plus en plus exprimées. Avant même que les différentes formes de régulation soient mises en place, les entreprises ont un rôle déterminant dans le pilotage intelligent de l'économie mondiale.

Ce livre se veut optimiste. Les événements qui se produisent sont dramatiques mais ils constituent aussi un formidable défi à la raison humaine et donc pour la paix. Nous voulons diffuser ce message de raison et de paix. Les droits d'auteur de cet ouvrage seront versés à l'UNICEF.

I

LE FONCTIONNEMENT DE L'ÉCONOMIE MONDIALE

La globalisation financière en question

Par JEAN-PAUL POLLIN

Les événements du 11 septembre ont mis en relief les dangers de la globalisation financière. Parce que celle-ci a fait la preuve de ses incohérences dans la répartition des flux financiers internationaux, mais aussi parce qu'elle a accru la vulnérabilité des économies développées à des chocs de toute nature. Nous montrons qu'elle a creusé les inégalités dans le financement du développement, qu'elle a favorisé la montée des déficits extérieurs américains et qu'elle contraint le comportement des économies dans lesquelles elle s'impose, par déréglementations contagieuses. Nous considérons qu'il faut repenser le financement du développement et inciter l'Europe à s'affranchir du modèle financier anglo-saxon.

Chacun gardera des événements du 11 septembre, et de leur suite, des images et des représentations personnelles. Au-delà de l'émotion partagée, les lectures qui en ont été faites sont naturellement très diverses. Pour ce qui nous concerne, et en prenant le risque de la simplification, nous retiendrons deux observations qui nous semblent très symptomatiques :

• Tout d'abord, la révélation de l'incroyable incohérence des politiques des grands pays industrialisés (et spécialement des États-Unis) à l'égard des pays en développement (et spécialement des plus pauvres). En quelques semaines, la mise en perspective d'informations déjà connues, mais souvent négligées, a suffi à montrer l'absurdité de la *realpolitik* américaine vis-à-vis de nombreux pays : les gouvernements ou les clans que l'on soutient un temps avant de les lâcher, les réseaux que l'on finance avant de s'apercevoir qu'ils sont devenus des ennemis, les pays dont on redécouvre l'importance géopolitique avant de leur tourner le dos. On a ainsi pu apprécier les conséquences de l'incapacité des États-Unis à définir une stratégie de long terme et leur refus d'assumer leurs responsabilités vis-à-vis de ces nations trop pauvres pour les concerner réellement.

Les causes de la fracture du 11 septembre sont évidemment multiples. Et il est bien trop tôt pour espérer comprendre comment on a pu en arriver là. Certains considèrent même que le terrorisme étant inexcusable, il ne faut pas chercher à l'expliquer, parce que ce serait lui fournir un début de justification. Notre propos n'est pas d'excuser ou de justifier. Toutefois, il n'est pas interdit de rappeler que le fanatisme se nourrit en partie de désespérance face aux inégalités. Et qu'il est d'autant plus facile d'acheter l'adhésion de bandes d'exaltés, ou de gouvernements proches du terrorisme, qu'on ne leur propose aucune autre solution de survie ou d'espoir. C'est pourquoi les dysfonctionnements du système financier international, de même que l'effondrement relatif de l'aide au développement depuis le début des années 1980 nous semblent porter une réelle responsabilité dans le drame du 11 septembre.

À tout le moins, disons que cet événement va entraîner une prise de conscience plus aiguë de la part des grands pays industrialisés des déséquilibres provoqués par l'absence de stratégie cohérente d'aide au développement. Sans doute va-t-on mieux réaliser que l'on ne peut plus s'en remettre à des actions ponctuelles ou aux jeux spéculatifs des marchés internationaux de capitaux.

• Ensuite, l'angoisse avec laquelle a été attendue et vécue la réouverture de Wall Street le 17 septembre. L'attaque du cœur de Manhattan se voulait évidemment symbolique. La réaction de nombreux responsables économiques et financiers, dans les jours qui ont suivi, a démontré que le symbole était bien choisi.

Le fait que les marchés d'actions et de devises aient finalement mieux résisté qu'on ne pouvait le craindre ne change rien à l'affaire. Cette façon de se tourner vers les oracles de Wall Street et de rechercher dans ce temple de la finance des prophéties sur notre destin économique rappelait étrangement des comportements que l'on qualifie souvent de primitifs. En prenant un peu de recul, on conviendra que cette comédie était assez grotesque et qu'elle caricaturait à l'extrême les ressorts de l'économie libérale. Se peut-il que le sort des économies les plus puissantes de la planète soit à ce point dépendant du jugement des marchés financiers ? Ou même, doit-on croire que les acteurs de ce psychodrame disposent collectivement d'informations et de capacités d'anticipation assez sûres pour pouvoir établir un diagnostic fiable et tirer les conséquences des événements qui venaient de se produire ?

Malheureusement, en dépit de leur caractère dérisoire, il est vrai que ces jeux de marchés sont capables d'affecter les trajectoires de poursuite ou de sortie de crise. Le paradoxe tient à ce que les prophéties des nouveaux oracles ont un caractère autoréalisateur : même si elles reposent sur peu de chose, le simple fait que l'on s'y intéresse suffit à leur accorder un pouvoir certain. Et les décisions stratégiques des grandes entreprises sont effectivement de plus en plus dépendantes de ces étranges signaux en provenance des marchés. C'est en ce sens que l'épisode de la réouverture de Wall Street a bien révélé l'extrême fragilité que confère aux économies industrialisées le fonctionnement de leur système financier.

Les deux questions que nous venons d'évoquer peuvent sembler logiquement distinctes. Or elles ne le sont pas. La globalisation et le laisser-aller financiers (c'est-à-dire la prédominance d'un système financier « à l'anglo-saxonne ») ont changé la structure des flux internationaux de capitaux et ont contribué à creuser les déséquilibres. En même temps, ils ont accru le niveau et les conséquences de l'instabilité financière dans les pays développés.

Ces dysfonctionnements sont ceux d'un ordre financier international dominé par les marchés, construit sur un modèle particulier et qui s'étend, par déréglementations contagieuses, à l'ensemble du monde. Du moins la partie du monde qui s'accorde avec son intérêt et sa logique, le reste se trouvant marginalisé.

Ce n'est pas, en elle-même, la plus mauvaise des organisations, et il serait absurde de ne lui prêter que des défauts ; elle a ses contreparties en termes d'efficacité économique, de valorisation du capital et d'autres ressources. Ce qui pose problème, c'est qu'ayant été forgée par et pour un système économique, politique et social spécifique, elle en vienne à s'appliquer à des économies dont les caractéristiques sont dissemblables. Et surtout qu'elle impose à la communauté internationale des valeurs qui n'ont rien d'universel.

Repenser le financement du développement

Quelques chiffres suffisent à caractériser les profondes transformations du financement des pays en développement durant les vingt dernières années. Au cours de cette période l'aide publique au développement a représenté un pourcentage stable du PIB des pays donateurs (entre 0,2 et 0,3 %). Mais cette stabilité constitue en réalité une baisse par rapport aux besoins à satisfaire (l'aide humanitaire et la reconstruction de certains pays dévastés par des guerres) et au nombre croissant des pays bénéficiaires (notamment les économies en transition) ainsi que de leurs habitants. En ces termes relatifs, l'aide publique a donc sérieusement régressé. Parce qu'à la fin de la guerre froide cette aide a été perçue comme moins indispensable au regard des intérêts stratégiques des pays dominants. Parce que aussi la montée des déficits publics dans bon nombre de pays développés les a conduits à « modérer leur générosité ».

En revanche, on assiste au cours de cette même période à une croissance sensible des flux de capitaux privés en direction des pays en développement : durant les années 1980 moins de 1 % du PIB de ces pays, depuis le début des années 1990, un peu plus de 3 %. La forte expansion de ce type de financements extérieurs s'est réalisée principalement sous forme de titres et d'investissements directs, tandis que la part des crédits bancaires diminuait. Mais elle a touché très inégalement les différentes économies : 12 d'entre elles ont reçu 75 % des flux de capitaux privés. Les principaux bénéficiaires ont été les pays d'Asie et d'Amérique du Sud, tandis que l'Afrique n'a perçu qu'une part faible et décroissante.

Le bilan est donc vite dressé. La substitution des financements privés à l'aide publique a conduit à un creusement des inégalités et à une marginalisation, par rapport aux mouvements de capitaux, des pays qui en avaient le plus besoin.

Il n'y a rien de très étonnant à cela : les financements par titres ne peuvent concerner les économies les plus faibles ou les plus déstructurées. Le financement de leurs projets relève plutôt des banques de développement, d'institutions mutualistes ou d'établissements de microcrédits. Ce sont les ressources de ces organismes qu'il faut abonder si l'on veut donner une chance au développement de ces économies.

Il faut ajouter que les pays émergents qui ont pu bénéficier des transformations de la finance internationale ont tout de même dû supporter des fluctuations impressionnantes des entrées et sorties de capitaux. Et ces mouvements les ont parfois plongés dans de sérieuses difficultés. Entre 1992 et 1994, le Venezuela a subi des sorties de capitaux représentant 10 % de son PIB, entre 1993 et 1995 le Mexique a supporté des retraits de 12 % de son PIB, entre 1996 et 1997 ces retraits ont touché la Corée (pour 9 % de son PIB) et la Thaïlande (pour 18 % de son PIB)... Cette volatilité des capitaux a provoqué, au cours de ces vingt dernières années, de multiples crises, dont le scénario se renouvelle sans cesse et dont on semble incapable de tirer les leçons. D'autant que ces crises ne concernent pas nécessairement des pays mal gérés ou affectés de déséquilibres macroéconomiques majeurs. Ce sont au contraire des pays en forte croissance et vertueux au plan budgétaire qui ont attiré les capitaux étrangers. Ceux-ci se sont ensuite retirés brutalement après avoir entraîné des excès dans la distribution de crédit et provoqué une surchauffe de l'économie. Dans un certain nombre de cas, les mouvements de capitaux ont donc déstabilisé des économies dont les fondamentaux étaient sains.

En résumé, le financement du développement n'est pas seulement insuffisant et mal réparti, il est aussi instable. Et c'est ce constat qui est à la base des propositions visant à taxer les transactions financières internationales et à consacrer les sommes ainsi collectées à l'aide au développement (la fameuse taxe Tobin qui sert d'étendard aux militants de l'antimondialisation). Malheureusement cette solution *a priori* séduisante, devenue très populaire en Europe, est doublement fausse.

En premier lieu, parce que la taxe Tobin ne répond pas au problème posé, c'est-à-dire la volatilité des flux de capitaux. Elle aurait peut-être un sens pour remédier à l'instabilité des taux de change ou à des attaques spéculatives. Mais ce n'est pas de cela dont il s'agit. Et une taxe de 0,5 ou même de 1 % n'est pas à même de décourager des placements à trop court terme (3 ou 6 mois) ou de les inciter à s'investir plus durablement dans le pays considéré. Seul un véritable contrôle des mouvements de capitaux est capable de les filtrer en fonction de leur probable stabilité. En ce sens, on reconnaît généralement que la constitution de réserves non rémunérées, auprès de la Banque centrale, en proportion des flux entrants (comme l'ont pratiqué le Chili ou la Colombie), est la seule mesure efficace.

En second lieu, parce qu'il est toujours douteux de prétendre traiter deux problèmes (l'instabilité des mouvements de capitaux et l'insuffisance de l'aide au développement) en utilisant un seul instrument. Il n'y a aucune raison sérieuse de procéder ainsi et on court le risque de ne rien résoudre. S'il s'agit d'un problème de morale (aider les pays pauvres en taxant des activités supposées parasitaires), on ne voit pas pourquoi il faudrait privilégier la taxation des opérations de change plutôt que les transactions boursières ou les spéculations sur les marchés de matières premières. Et pourquoi pas le commerce des armes ou, mieux encore, les activités polluantes qui ont un rapport direct avec le thème du développement durable ?

De fait, les pays industrialisés n'ont pas besoin qu'on les aide à concevoir de nouvelles recettes fiscales. Ils ont certainement l'imagination et les moyens pour dégager les ressources nécessaires à une augmentation substantielle de l'aide au développement. Vouloir lier l'atteinte de cet objectif à la lutte contre la spéculation internationale ne fait que compliquer la tâche et rendre le projet utopique.

Il est vrai que l'on n'a pas grand-chose à attendre de l'organisation actuelle du système financier international. À s'en remettre au jeu des intérêts financiers, on ne fera qu'écarteler un peu plus l'économie mondiale. Et ce n'est pas en réformant à la marge ou en colmatant quelques brèches que l'on inversera cette dynamique déstabilisante. Ce qui importe c'est plutôt de réintermédier fortement le financement du développement. C'est-à-dire mettre à la disposition des institutions compétentes (FMI, Banque mondiale, BERD) les moyens d'interventions efficaces. La façon dont les pays riches se répartiront les cotisations est ici secondaire. En revanche, il faut faire évoluer le statut actuel des organismes d'intermédiation pour que leurs actions ne s'inspirent pas trop directement des intérêts politiques des pays donateurs. Le propos pourra sembler naïf, et il l'est certainement, en l'état des préoccupations et des certitudes manifestées par les dirigeants des grandes puissances. Tout juste peut-on espérer que la radioscopie des événements du 11 septembre fera comprendre aux opinions publiques l'urgence de nouvelles solutions.

Contraindre les déficits extérieurs américains

Les inégalités dans l'accès aux financements extérieurs que l'on vient de retracer suffiraient à démontrer que le principe ou l'idéal de convergence des économies est plutôt malmené. Le constat s'aggrave lorsque l'on considère les flux financiers internationaux à destination de l'économie américaine. À la fin des années 1990, alors que l'aide au développement représentait environ 60 milliards de dollars et que les flux de capitaux privés vers les pays émergents ressortaient à 150 milliards, les États-Unis ponctionnaient l'épargne mondiale à hauteur de 250 milliards de dollars (230 en 1998, 330 en 1999, 450 aujourd'hui). À eux seuls les Américains bénéficient donc de financements extérieurs bien supérieurs à ceux de tous les pays en développement réunis. Voilà qui finira de convaincre des anomalies que provoque ou qu'autorise l'actuel système monétaire international.

Que le pays le plus riche de la planète soit aussi le plus endetté choque le bon sens et contredit tout ce que l'on croyait connaître sur les mouvements longs de balance des paiements. Ce sont d'ordinaire les pays jeunes, en développement, qui enregistrent des déficits de leurs comptes extérieurs, tandis que les pays développés dégagent des excédents (qui permettent le remboursement de leurs emprunts passés et leur fournissent l'occasion d'investissements plus rentables).

Ces considérations ne vont tout de même pas jusqu'à troubler la rhétorique libérale. Les défenseurs de la logique de marché font valoir que, si les flux de capitaux se dirigent plus volontiers vers les États-Unis, c'est que l'investissement y est plus rentable. C'est parce que le potentiel de l'économie américaine est plus élevé, parce qu'elle a su mieux que les autres capter les bénéfices des nouvelles technologies, parce que la rémunération du capital y est mieux assurée. L'économie américaine aurait donc retrouvé une seconde jeunesse et les déficits extérieurs massifs qu'elle connaît depuis plus de vingt ans ne seraient que la marque d'une nouvelle phase de développement. Au bout du compte, l'épargne placée aux États-Unis étant mieux valorisée, elle stimulerait la croissance mondiale et accroîtrait le bien-être collectif.

Le discours libéral est généralement sans surprise et son simplisme est reposant. On ne saurait pourtant oublier que le débat n'est pas clos sur l'importance des gains de productivité dus à l'introduction des nouvelles technologies. Il n'est toujours pas prouvé qu'ils ont diffusé au-delà du périmètre des secteurs concernés et qu'ils ont permis de placer durablement l'économie américaine sur un *trend* de croissance plus élevé. Mais quoi qu'il en soit, que sait-on des potentialités de certains pays émergents (ou même de pays franchement sous-développés), auxquels on refuse aujourd'hui les moyens de leur développement ? Est-on bien certain qu'en se plaçant sur le long terme, l'investissement dans ces pays ne serait pas finalement beaucoup plus rentable qu'aux États-Unis ? Et les événements récents ne remettent-ils pas en cause nos évaluations des risques pays ? Plus simplement, un placement aux États-Unis n'est-il pas désormais plus risqué qu'un investissement en Europe, au Japon ou dans un pays de l'Est ?

Au demeurant, une analyse attentive montre que les déficits extérieurs américains s'expliquent avant tout par un excès de demande intérieure, ou encore par une insuffisance du taux d'épargne. Ce n'est pas que les Américains consomment aujourd'hui les revenus à venir de leur plus forte croissance. C'est plutôt que leur endettement extérieur leur permet, depuis près de vingt ans, de vivre au-dessus de leurs moyens. Il y a déjà longtemps que de nombreux observateurs affirment que l'ampleur des déficits américains n'est pas soutenable à terme. Que dire aujourd'hui, maintenant que la croissance de leur économie est durablement affaiblie, qu'ils vont devoir replonger dans les déficits budgétaires (c'est-à-dire qu'une épargne publique négative va venir rogner la très faible épargne privée) et que les espoirs placés dans les nouvelles technologies ont été sérieusement douchés ? Il faut donc, au plus vite, mettre un terme à cette dérive. Car lorsqu'il faudra régler les comptes, ce ne sont pas seulement les États-Unis qui supporteront les conséquences de leurs prodigalités passées. Le choc touchera l'ensemble des pays partenaires, et il sera d'autant plus fort que l'on aura tardé à réagir. Si l'on voulait aujourd'hui stabiliser la dette extérieure des États-Unis, qui se monte à plus de 2 000 milliards de dollars, il faudrait que leur balance commerciale dégage un excédent d'environ 100 milliards. Cela nécessiterait donc, par rapport à la situation actuelle, un ajustement de plus de 500 milliards de dollars, soit près de 5 % du PIB américain !

Il est bien difficile de savoir si les mutations de la finance internationale n'ont fait qu'accompagner cette montée des déséquilibres extérieurs américains ou si elles ont été à leur origine. Est-ce que la globalisation et la titrisation s'expliquent par l'évolution dans la structure des soldes de balance de paiements ? Ou est-ce que ces déséquilibres ont été permis et encouragés par les transformations dans les modes de financement ? Sans aller au fond du débat, on peut au moins redire que les pays pauvres sont très peu concernés par l'émission de dettes négociables, et que la contraction des financements intermédiés les dessert. En revanche, la titrisation favorise le financement extérieur américain. Et d'ailleurs, les États-Unis ont exercé, dans le passé, de fortes pressions sur le Japon, pour qu'il libéralise son système financier de façon à obtenir un plus large accès aux volumes d'épargne considérables constitués par les ménages japonais.

L'économie américaine ne pourra plus très longtemps justifier de ses énormes déficits extérieurs. Pour y mettre un terme sans réduire son taux d'investissement, et donc son rythme de croissance, il lui faudra organiser une réduction de son niveau de consommation. Et cela devra sans doute se faire par des augmentations d'impôts, contraires aux idées e
aux promesses électorales de George Bush. Ou alors il lui fa
dra accepter, si ce n'est provoquer, une chute de la parit
dollar, ce qui posera de sérieux problèmes de compét
aux autres économies. Dès lors, pourquoi continuer
le jeu d'une organisation financière qui nous exp
sérieuses déconvenues et qui pérennise un lead
peu soucieux de l'intérêt de ses partenaires ?

S'affranchir du modèle financi

L'architecture du système r
concerne pas simplement la circ
pays, elle marque aussi de son

financiers nationaux. C'est ainsi que la globalisation des activités financières a fait dériver les systèmes nationaux (et particulièrement le nôtre) vers le modèle anglo-saxon, caractérisé par la prédominance des marchés sur l'intermédiation.

Or il nous semble que les suites du 11 septembre (mais aussi de l'éclatement de la bulle Internet) vont tendre à montrer les limites et la fragilité de ce modèle. Cela devrait contribuer à remettre en cause cette homogénéisation des systèmes financiers qui paraissait inéluctable, il y a quelques mois encore. Nous pensons qu'un système financier globalisé, libéralisé et dominé par les marchés propage et amplifie les chocs de diverses natures auxquels les économies sont soumises. La fracture du 11 septembre va donc se diffuser de façon démesurée, à l'ensemble des économies par le fil conducteur des marchés financiers.

Depuis quelques mois, les économistes s'étonnaient de ce que la récession américaine avait sur l'Europe des effets plus sensibles qu'il n'était prévisible. Comment se fait-il qu'une zone, relativement fermée, dont le commerce avec le reste du monde ne représente plus que 10 % de ses exportations, ait pu se trouver à ce point perturbée par le ralentissement des États-Unis ? Une réponse plausible consiste à dire que l'impact est passé par la corrélation de plus en plus étroite que l'on observe entre les marchés financiers mondiaux. Contrairement à ce que l'on avait imaginé, l'intégration financière européenne n'a pas réduit notre dépendance vis-à-vis des marchés boursiers ou des taux d'intérêt à long terme américains. L'Europe n'est pas jusqu'ici parvenue à se mettre à l'abri de cette influence : les prix de nos actifs financiers continuent à se fixer en fonction des sautes d'humeur, des engouements ou des paniques des marchés américains. Tout se passe comme si la globalisation financière fonctionnait à sens unique.

Or la marche de nos économies est devenue plus sensible
ces fluctuations des prix d'actifs. Les cours boursiers exer-
t une influence plus grande sur les décisions des entrepri-
du fait de la reconquête du pouvoir par les actionnaires.
naximisation de la valeur boursière est devenue un critère
estion essentiel : on l'observe dans les choix d'investisse-
, les réductions d'effectifs, les cessions d'activité, les opé-
s de fusions-absorptions. De même que l'activité des
es est elle-même plus dépendante des évaluations et
tuations boursières : parce qu'une part plus grande

de leur produit est générée par les transactions de marchés, parce qu'une proportion plus forte de leurs actifs et de leurs passifs est sous forme de titres, et parce que la réglementation à laquelle elles sont soumises (le ratio Cooke) lie leur distribution de crédit au niveau de leurs fonds propres.

Le phénomène est d'autant plus inquiétant qu'il est manifeste que la formation des prix sur les marchés financiers comporte une bonne part d'irrationalité ou d'anomalies. On a souvent expliqué de façon assez convaincante l'existence de bulles spéculatives. On a mis en cause le « court termisme » des investisseurs, trop préoccupés par les résultats immédiats de leurs décisions. On a aussi dénoncé leur comportement moutonnier (leur mimétisme), c'est-à-dire leur propension à se situer dans la moyenne plutôt que de prendre des risques en fonction d'analyses personnelles. De sorte que, face à des chocs dont les conséquences sont imprévisibles (la montée de l'Internet, ou les attentats), les marchés s'en remettent à tous les points de repères capables de constituer des croyances collectives et de créer des réactions communes (des rumeurs, des déclarations de gourous, des analyses graphiques). C'est dire que les prix d'actifs relèvent, dans ces conditions, du plus pur arbitraire et que leur volatilité peut devenir extrême. Mais alors quelle est la valeur de l'information contenue dans ces signaux de marchés ? Et que penser de la robustesse d'un système qui se laisse diriger par de telles informations ?

La naïveté avec laquelle la libéralisation financière a été conduite dans notre pays ne s'explique que par la foi aveugle des nouveaux convertis à l'économie de marché (les gouvernements socialistes de la fin des années 1980 et du début des années 1990) et par la formation déficiente à l'économie de la haute technocratie française. On a voulu se convaincre et faire croire qu'un système de marché était une forme plus moderne et plus efficace de financement de l'économie. C'était ignorer les leçons de l'histoire financière qui montrent au contraire que la prédominance du financement de marché n'est pas du tout un aboutissement. Les économies de la fin du XIXe et du début du XXe siècle étaient plus globalisées et marchéisées que les nôtres ; ce ne sont donc pas les nouvelles techniques de communication qui expliquent pour l'essentiel les évolutions récentes. La montée de l'intermédiation qui est venue par la suite a été interprétée comme une meilleure façon de mobiliser l'épargne et de sélectionner les investissements.

En réalité, la comparaison des systèmes financiers dans l'espace aussi bien que dans le temps ne permet pas de désigner une organisation optimale. Chacun a ses forces et ses faiblesses, mais surtout on ne peut en juger qu'en fonction de son adéquation au système productif sur lequel il s'articule. Il est bien évident que le système financier qui convient à un pays en développement ou à une économie de petites entreprises ne peut être le même que celui d'un pays industrialisé ou d'un pays dominé par de très grandes entreprises. Plus encore, les stratégies de croissance conditionnent ces choix d'organisation financière. Durant les années 1960 et 1970, les performances des économies dont le système était intermédié (c'est-à-dire qui privilégiait les crédits bancaires) ont été supérieures en termes de taux d'investissement et de croissance à celles des économies à financement de marchés. Au tournant des années 1980, en revanche, on a considéré que le redéploiement du système industriel nécessiterait un assouplissement des relations entre banques et entreprises, une stimulation de la concurrence entre types de financements, et un dénoyautage du capital de certaines entreprises (l'affaiblissement de participations croisées). Il s'est également avéré que le crédit bancaire était mal adapté au financement de l'innovation. Ces constats plaidaient effectivement en faveur d'une évolution du système financier et d'une plus grande place faite aux marchés.

Il n'empêche que, même dans ces circonstances, l'intermédiation garde de solides avantages. Car les institutions financières sont capables d'établir des relations de long terme avec les emprunteurs, pourvu qu'on ne les incite pas, par une concurrence excessive, à mimer les comportements de marchés. Un système intermédié lisse les évolutions des taux d'intérêt et des prix d'actifs, amortit mieux les chocs macroéconomiques. Ce sont ces avantages que la conjoncture à venir va nous faire redécouvrir et qui rendent, selon nous, à la fois possible et souhaitable une réintermédiation de notre système de financement.

Au-delà de ce point de vue trop étroitement économique, il faut bien comprendre que la fonction d'un système financier n'est pas seulement de transformer de l'épargne en investissement. D'ailleurs, la nature des financements d'entreprises est assez peu différente entre les pays industrialisés. Ce qui compte, c'est plutôt l'origine et la forme des contrôles exercés sur les décisions des firmes : la prédominance des marchés financiers signifie que les choix économiques sont réalisés principalement en fonction des intérêts des actionnaires. C'est dire que l'organisation financière façonne les valeurs d'une société et sa façon de se projeter dans l'avenir. Elle cristallise un ensemble d'objectifs qui se traduit par des critères d'évaluation, des normes d'endettement, des formes de gouvernement d'entreprise... Et ce sont tous ces éléments qui forgent, à travers la multitude des décisions courantes ainsi programmées, la trajectoire de notre système économique et social. On ne peut pas discuter du développement durable ou rêver d'une autre croissance sans s'interroger sur ce centre névralgique de nos choix économiques, et de nos choix de société. On comprend bien que la diversité potentielle de ces choix ne s'accorde généralement pas avec la seule maximisation de la valeur boursière. Cet objectif (donc cette forme de contrôle) ne permet pas de prendre en compte les intérêts de toutes les parties prenantes dans l'entreprise (les salariés, mais aussi les clients, les fournisseurs...). Et encore moins les intérêts extérieurs à l'entreprise, tels que les préoccupations d'environnement. Cela ne signifie pas nécessairement qu'elle s'oppose à la réalisation d'autres intérêts particuliers ou collectifs ; mais il n'y a aucune raison de penser qu'elle s'y accorde spontanément.

Il est par conséquent très probable que l'organisation financière qui s'impose à travers la globalisation débouche sur des décisions en partie contraires à nos préférences de citoyens. Elle n'est donc ni plus achevée, ni plus efficace ; de même qu'elle n'est pas inéluctable. Ses défaillances manifestes invitent au contraire à dessiner l'architecture d'un autre système. Il n'est évidemment pas question d'en définir ici les détails. Disons simplement qu'ils concernent le droit des contrats financiers, celui des faillites, la réglementation des OPA mais aussi la régulation des institutions et des marchés financiers, de la gamme des produits de placements et de financements. Et pourquoi pas le maintien, à la marge, de circuits de financements privilégiés ?

Le principe général consiste à soustraire nos choix économiques à la seule rentabilité financière de court terme. Il s'agit d'enrichir nos formes de contrôle pour permettre à la collectivité de reprendre la main en imposant des critères plus respectueux des droits des personnes, plus soucieux de cohérence sociale et plus attentifs aux implications de long terme. Il est vraisemblable qu'à cet horizon la rentabilité du capital, autant que l'efficience économique, trouveront ainsi mieux leur compte.

Dans les circonstances actuelles, l'Europe se doit naturellement de manifester une solidarité raisonnée envers les États-Unis, aux plans militaire et diplomatique. Mais cette solidarité n'a aucune raison de s'étendre aux préférences économiques et sociales, par simple démission face à la globalisation financière. De ce point de vue, les événements tragiques du 11 septembre, et leur suite, devraient au contraire nous convaincre que l'Europe doit s'affranchir du modèle financier anglo-saxon. Non pas seulement pour mettre à l'abri sa conjoncture ; mais plus sérieusement pour se donner les moyens d'un projet de société original. C'est dans la conception d'une organisation financière différente que l'Europe affirmera son identité. Bien plus sûrement que par la mise en place d'une monnaie commune, qui n'aura de ce point de vue que des effets dérisoires (et peut-être négatifs à court terme). L'idée est sans doute très ambitieuse, peut-être irréalisable. Son évidence nous semble pourtant criante, à la lumière de la situation présente.

Croissance : d'où viennent les handicaps de la zone euro et du Japon ?

Par PATRICK ARTUS

La zone euro, la France aussi, souffrent d'un handicap de croissance, dû à un handicap d'investissement et de développement des nouvelles technologies, vis-à-vis des États-Unis ou des pays nordiques. Les causes macroéconomiques de ces handicaps (politique monétaire trop restrictive, profitabilité insuffisante) ont disparu. Il subsiste des causes structurelles ou institutionnelles : qualification moyenne trop faible, inefficacité de la recherche-développement. Le Japon est en croissance faible depuis le début des années 1990, et maintenant en croissance négative. Les politiques publiques déficientes ont une responsabilité majeure dans cette situation. Nous replaçons d'abord les situations spécifiques de l'Europe et du Japon dans le cadre de l'évolution de la croissance mondiale des années 1990. Nous examinons ensuite les possibles conséquences durables des attentats du 11 septembre.

Une accélération de la croissance qui ne profite pas à tous

La croissance mondiale a accéléré progressivement au cours des années 1990 : de moins de 3 % à presque 4 % en 2000. Ceci résulte des progrès d'un certain nombre de zones : les pays émergents d'Asie, les pays d'Europe centrale, le

Royaume-Uni ; surtout de la très forte accélération de la croissance américaine, pays qui représente 1/3 du produit intérieur brut mondial. Les causes de cette accélération de la croissance sont diverses : capacité à attirer les investissements directs étrangers (en Pologne, en Chine, au Mexique) ; spécialisation dans des industries en forte croissance, comme l'électronique (en Asie, en Irlande, en Inde, dans les pays scandinaves) ; développement d'un modèle économique original et réussi, comme l'économie de services au Royaume-Uni ; croissance très rapide de la production et de l'utilisation des nouvelles technologies, nous y reviendrons, aux États-Unis.

Outre la zone euro et le Japon, dont nous allons analyser les handicaps, d'autres zones géographiques n'ont pas profité de cette accélération globale de la croissance : Amérique latine, Afrique, Moyen-Orient, républiques de l'ex-URSS, Japon bien sûr. Ici aussi, les raisons des échecs sont multiples : baisse continue des prix des matières premières ; instabilité politique, corruption ; mauvaises politiques macroéconomiques, comme la fixation de la parité vis-à-vis du dollar en Argentine.

L'accélération de la croissance connaît donc des exceptions. Le fait que la zone euro n'ait pas suivi le modèle américain et soit restée en croissance faible jusqu'en 1998-1999 est particulièrement étonnant, ainsi que la stagnation et le recul du Japon.

Commençons par la situation relative de l'Europe par rapport aux États-Unis.

Les faits : un effort d'investissement que n'ont entrepris ni la zone euro, ni la France

Nous nous interrogeons donc d'abord sur les causes de l'asymétrie entre la zone euro et les États-Unis.

Nous prendrons quatre pays témoins : les États-Unis et la Suède (pays où le développement des nouvelles technologies a été très rapide), la zone euro et la France. Aux États-Unis, le taux d'investissement productif s'accroît beaucoup depuis 1992, la productivité accélère à partir de 1995-1996, la croissance de la production et de l'emploi est forte de 1992-1993 au début de l'année 2000. En Suède, après la grave crise du début des années 1990, le taux d'investissement devient élevé en 1995 et la croissance est forte à partir de 1997. Dans la zone euro, le taux d'investissement ne retrouve qu'en 1998 son niveau de 1991, alors qu'aux États-Unis il progresse de 60 %, en Europe continentale et en Suède de 40 %. La productivité du travail n'accélère pas, au contraire : elle fluctue autour de 1 % par an de 1996 à 2000. La situation en France est un peu meilleure que celle de la zone euro en ce qui concerne l'investissement, plutôt plus mauvaise en ce qui concerne la productivité par tête (ce qui est dû aussi aux 35 heures). La différence entre les pays ayant fait l'effort d'accroître l'investissement et les autres est frappante en ce qui concerne l'évolution de l'intensité capitalistique globale : le capital productif par tête augmente de 4 % par an entre 1994 et 2001 aux États-Unis, de moins de 2 % par an en France (le calcul n'est pas faisable pour la zone euro) ; le même écart apparaît quand on considère le capital rapporté au PIB.

Les différences sont frappantes aussi en ce qui concerne l'effort d'investissement en nouvelles technologies ou la taille du secteur produisant les nouvelles technologies. L'investissement technologique stagne autour de 2 % du PIB en France et est passé en 10 ans de 2 à 7 % du PIB aux États-Unis ; l'emploi dans les secteurs producteurs de technologie, rapporté à l'emploi total, est 2 fois plus élevé aux États-Unis qu'en France.

Les pays ont des spécialisations différentes. En Suède c'est la production de matériels de communications qui progresse très rapidement (plus de 25 % par an depuis 1994) ; aux États-Unis, l'ensemble de la production des technologies de l'information (IT) augmente de près de 50 % par an de 1995 à 2000, alors qu'en France le chiffre correspondant est de moins de 20 %.

On sait aujourd'hui qu'il y a aux États-Unis des excès d'investissement et de production, spécialement en nouvelles technologies, depuis 1998. Il reste que les États-Unis ou la Suède contrastent violemment avec la zone euro ou la France sur un point : la hausse considérable de l'effort d'investissement depuis 1993-1994, qui a abouti sans aucun doute à une augmentation des gains de productivité et de la croissance potentielle.

L'essentiel de cet effort d'investissement correspond à des investissements en nouvelles technologies. Il reste à se demander pourquoi il y a eu cet écart entre les deux groupes de pays.

Politiques macroéconomiques : le cas suédois montre qu'il n'y a pas de lien si clair avec l'investissement

Regardons d'abord les politiques monétaires. Aux États-Unis, de 1994 à 2000, le taux d'intérêt réel à court terme varie entre 3 et 4 %, le taux long réel aussi ; auparavant, les taux réels étaient faibles, en raison de la réaction à la crise bancaire. En Suède les taux d'intérêt réels sont élevés ou même très élevés jusqu'en 1997, retrouvent en 1998 un niveau voisin de celui des taux d'intérêt américains. Dans la zone euro, c'est en 1996 que les taux réels retrouvent un niveau « normal » après la période de taux très élevés dus à la réunification allemande et aux crises du SME. La situation est similaire en France : le taux d'intérêt réel à court terme passe de 10 % au début de 1993 à moins de 2 % en 1996 ! Il est donc vrai que la politique monétaire a été beaucoup plus vite favorable aux investissements aux États-Unis que dans la zone euro ou en France, mais ce n'est pas le cas en Suède.

De même, le cas de la Suède ruine les arguments basés sur la pression fiscale. La pression fiscale (rapportée au PIB) est de 31 % aux États-Unis, les charges sociales représentent 7 % du PIB : les chiffres correspondants sont de 43 % et 16 % dans la zone euro, 50 % et 18 % en France, mais de 58 % et 14 % en Suède. Le niveau très élevé de la pression fiscale en Suède ne semble pas avoir été un obstacle au développement des nouvelles technologies. Il est peut-être plus important de remarquer que les États-Unis et la Suède sont deux pays où le développement des marchés financiers spécialisés dans les nouvelles technologies a été beaucoup plus important qu'en Europe continentale, et le reste aujourd'hui après la correction boursière. Il est donc possible que le développement des marchés financiers spécialisés a joué un plus grand rôle que les politiques macroéconomiques.

Même si la Suède joue le rôle de contre-exemple, il est possible aussi que l'écart entre les orientations des politiques monétaires, de 1991 à 1995, des États-Unis et de la zone euro a contribué à retarder le démarrage de l'investissement productif en Europe. Le coût des politiques restrictives menées après la réunification allemande et pendant les crises du SME serait alors ce retard de 5 à 6 ans de l'Europe sur les États-Unis dans le développement des nouvelles technologies. Mais, à nouveau, la Suède a su accélérer les investissements et développer les nouvelles technologies, alors que la politique monétaire était restrictive.

Profitabilité des entreprises : financer la hausse de l'intensité capitalistique

La profitabilité progresse très rapidement de 1993 à 1997 aux États-Unis, à partir de 1994 en Suède. Dans les deux cas, ceci correspond à une situation où le salaire réel augmente moins vite que la productivité, il recule même en Suède.

Dans la zone euro, la profitabilité ne se redresse qu'au second semestre 1997 ; la reprise des profits en 1994-1995 n'est que la correction de leur chute de 1991 à 1993. À partir de 1997, le salaire réel augmente régulièrement moins vite que la productivité.

En France, la profitabilité des entreprises décroît de 1992 à 1996, remonte en 1997-1998 mais redécroît à nouveau à partir de 1999-2000 (ce qui n'est pas le cas pour les résultats des sociétés cotées). En Europe, la remontée de la profitabilité est donc nettement plus tardive (1997) qu'aux États-Unis et en Suède.

Il y a donc eu, aux États-Unis et en Suède, en sortie de récession, un déplacement du partage de la valeur ajoutée en faveur des profits et au détriment des salariés ; ce déplacement a permis de financer, jusqu'en 1998 aux États-Unis — puisque, à partir de cette date, la profitabilité recule —, l'augmentation de l'intensité capitalistique.

Ceci pose une question importante : si l'introduction des nouvelles technologies impose une forte hausse de l'intensité capitalistique, elle impose aussi une hausse de la part des profits dans les revenus si la rentabilité du capital doit être maintenue. Ce n'est donc que dans les pays où cette déformation du partage des revenus est possible que l'investissement en nouvelles technologies peut accélérer.

Efficacité de l'effort de recherche-développement et niveau d'éducation

Il existe un certain nombre d'indicateurs simples qui permettent de mesurer l'efficacité de l'effort de recherche. En Suède et aux États-Unis, le nombre de brevets déposés chaque année par 10 000 habitants est de 5, contre 2 dans la zone euro. La Suède reçoit 9 fois plus de revenus liés aux brevets déposés par les chercheurs du pays qu'elle ne paie de tels revenus ; le chiffre correspondant est de plus de 3 pour les États-Unis, alors que l'Europe ne couvre pas la moitié des royalties qu'elle paie au reste du monde (il y a un énorme déficit de la « balance des paiements technologique » de la zone euro). Enfin, les dépenses de recherche-développement sont beaucoup plus élevées en Suède (3,7 % du PIB) et aux États-Unis (2,8 % du PIB) que dans la zone euro (1,6 % du PIB).

Les États-Unis et la Suède ont donc une activité de recherche beaucoup plus abondante et efficace que l'Europe continentale.

Cette situation est évidemment favorable à la croissance des industries, soit productrices, soit utilisatrices de technologies nouvelles.

Quelle en est l'origine ? Le niveau de qualification de la population est (si on adhère à la méthodologie de l'OCDE) nettement plus élevé aux États-Unis que dans la zone euro ; la situation est moins claire en ce qui concerne la Suède, dont le niveau de qualification moyen est voisin de celui de l'Allemagne. Les personnes dont la qualification est classée comme « élevée » par l'OCDE représentent 9,7 % de la population active de la zone euro, 12,3 % en Suède, 24,5 % aux

États-Unis. En revanche, on retrouve un net avantage de la Suède, comme des États-Unis, en ce qui concerne la proportion de chercheurs et de diplômés de l'université dans la population active. Il y a 8,6 chercheurs ou diplômés de l'université par 10 000 habitants en Suède, 7,4 aux États-Unis, 4,8 dans la zone euro. L'éducation est donc certainement une des causes du handicap de l'Europe.

Il semble aussi raisonnable de mettre en avant l'organisation de la recherche. Dans les pays où cette organisation est efficace (Suède, États-Unis, sans doute aussi Allemagne), il y a une véritable « complicité » autour de la recherche-développement des entreprises, de l'État, des institutions publiques de recherche, qui collaborent étroitement comme le montre par exemple la partie des dépenses de R&D financée par les entreprises : 58 % aux États-Unis ou en Suède, 50 % dans la zone euro. L'isolement de la recherche publique est certainement défavorable.

De multiples causes au handicap de l'Europe en matière de croissance

Même corrigée d'une croissance plus rapide de la population, la consommation par tête a progressé plus rapidement durant les années 1990 aux États-Unis que dans la zone euro : 3 % par an contre 1 %. Nous avons relié évidemment ce handicap de croissance à l'effort d'investissement et d'introduction des nouvelles technologies.

Les responsabilités pour ce handicap de croissance sont multiples et de natures différentes. Elles vont des politiques macroéconomiques (politique monétaire beaucoup trop restrictive en Europe jusqu'en 1996), du fonctionnement du marché du travail (rigidité salariale plus forte dans la zone euro qu'aux États-Unis ou en Suède comme l'atteste l'évolution de la profitabilité) au niveau de qualification et à l'efficacité de l'organisation de la recherche-développement.

La politique monétaire de la zone euro est devenue raisonnable depuis 1996-1997, et va probablement le rester ; la profitabilité des entreprises européennes a beaucoup progressé depuis 1997 : l'environnement macroéconomique est devenu beaucoup plus favorable. Le freinage conjoncturel de la période 2001-2002 n'est évidemment pas propice aux investissements. Mais au-delà il reste les facteurs institutionnels de ralentissement de la croissance en Europe : niveau moyen de qualification trop faible, inefficacité de l'activité de recherche-développement. Ce type de problème ne peut se régler que dans le moyen terme et exige peut-être des décisions difficiles, comme l'éclatement des grands organismes publics de recherche ou l'autonomie des universités.

Passons des handicaps de la zone euro à ceux du Japon.

La situation terrifiante du Japon

Le Japon semble être caractérisé aujourd'hui par une détérioration globale et rapide de sa situation économique et financière : l'excédent commercial disparaît puisque les consommateurs japonais se tournent vers les produits importés d'Asie, beaucoup moins chers que les produits domestiques : de ce fait, la production industrielle s'écroule. Les banques ne sont plus en état de prêter (l'encours de crédit recule de 5 % par an) en raison de l'accumulation des créances douteuses ; malgré tous les efforts de provisionnement, le montant des créances perdues non provisionnées ne cesse d'augmenter puisque les faillites se multiplient ; l'inflation est négative (– 2 %), ce qui implique que la politique monétaire a perdu toute son efficacité : avec des taux d'intérêt nominaux de 0, les taux d'intérêt réels sont de 2 %, suffisants pour décourager la consommation et l'investissement.

La plupart des secteurs sont caractérisés par les sureffectifs et l'insuffisance de productivité : la distribution traditionnelle, les banques, la construction, les PME industrielles ; la construction et l'agriculture ne vivent que des subventions publiques. Enfin, les nouvelles technologies ne diffusent pas : si le secteur des télécommunications est en avance sur les autres pays, l'investissement en technologies nouvelles des autres secteurs est beaucoup plus faible que dans la zone euro.

Il s'agit donc d'un pays où financer des investissements est impossible, où les prix des produits domestiques sont trop élevés, où les pertes d'emplois potentielles sont considérables, où les politiques économiques n'ont plus d'efficacité. La montée en gamme et en qualité des autres pays d'Asie, de la Chine en particulier, menace la survie de beaucoup de secteurs : habillement, électronique, agriculture.

Les prix des actifs financiers (immobilier, actions) continuent de baisser, ce qui réduit la richesse et continue à faire monter le taux d'épargne (le taux d'épargne des ménages atteint maintenant 20 %). Comment en est-on arrivé là ?

Des politiques publiques systématiquement inefficaces

Prenons les évolutions dans l'ordre chronologique. Après la crise patrimoniale de 1990-1991, avec la baisse de la Bourse et des prix immobiliers, la Banque du Japon n'a pas eu la réaction rapide de la Réserve fédérale : elle n'a pas créé les liquidités bon marché qui auraient permis aux banques de supporter les pertes de valeur des actifs et les défauts des emprunteurs. Les banques ont donc accumulé des pertes et des créances douteuses, qu'elles ont d'ailleurs essayé de cacher. Cette accumulation de pertes est telle aujourd'hui que la seule solution serait de nationaliser les banques, en les recapitalisant sur fonds publics, pour qu'elles puissent reprendre la distribution de crédit, mais l'opinion et le Parlement ne veulent plus aider les banques ; les banques refusent l'entrée des actionnaires publics. À partir de 1996, puis à nouveau de 1998, le gouvernement japonais a tenté de soutenir l'activité en accroissant les dépenses publiques, essentiellement les dépenses d'infrastructures publiques : routes, aéroports... Ceci avait, aux yeux des gouvernements, l'avantage de soutenir l'activité dans les régions rurales, de maintenir l'emploi extravagant dans le secteur de la construction (11 % de la population active), et accessoirement de financer le PLD (le parti politique du gouvernement).

Le problème général est que les ressources publiques sont affectées aux emplois les plus improductifs : construction de routes qui ne mènent nulle part, subvention à l'agriculture familiale, alors que les besoins dans les secteurs porteurs de croissance et de créations d'emplois (santé, technologie, éducation) sont considérables et non satisfaits : il n'y a pas de capital-risque, pas de services aux personnes âgées malgré le vieillissement ; l'enseignement universitaire est dépassé. L'incapacité d'avoir une vision moderne du rôle de l'État — soutien des banques en difficulté, allocation des ressources vers les secteurs porteurs de développement — condamne pour l'instant le Japon à la récession.

Une grosse déficience des politiques publiques

L'analyse des handicaps et des causes de la faible croissance dans la zone euro et au Japon met en évidence la responsabilité des politiques publiques. Les gouvernements de la zone euro n'ont pas su mettre au point les politiques d'incitation fiscale, d'organisation de la recherche, de formation, compatibles avec le développement rapide des nouvelles technologies. Le gouvernement japonais a utilisé toutes ses ressources pour sauver les secteurs en perdition (construction, distribution traditionnelle), et non à remettre en état les banques ou à favoriser les créations d'entreprises dynamiques ou la formation.

Le conservatisme des politiques publiques, en Europe et au Japon, a donc joué un rôle très négatif.

Le 11 septembre va aggraver les handicaps

Comme on l'a vu, le problème essentiel de l'Europe et du Japon est l'insuffisance d'investissements productifs dans les nouvelles technologies. Dans la zone euro, malgré les handicaps structurels, on sentait des velléités de rattrapage à partir de 1998-1999, ceci peut-être avec les politiques monétaires expansionnistes.

Au Japon, si le financement des entreprises est très difficile, si l'argent public est mal utilisé, il est apparu au cours des dernières années une classe de nouveaux entrepreneurs qui essaient de développer des entreprises de services informatiques, de design...

Le 11 septembre va retarder ces tentatives de rattrapage. D'une part, l'incertitude est accrue, ce qui est un environnement défavorable aux investissements. Depuis le troisième trimestre 2001, et encore en 2002, on a un recul des investissements des entreprises européennes. D'autre part, une des conséquences du 11 septembre n'est pas un choc de demande mais un choc d'offre, avec la hausse des coûts (assurance, transports, sécurité...), ce qui réduit aussi les investissements. Il est probable que le retard de l'Europe et du Japon sur les États-Unis en ce qui concerne l'investissement technologique va encore s'aggraver.

Gouvernance mondiale et construction européenne

Par CHRISTIAN DE BOISSIEU

Le besoin d'une nouvelle gouvernance mondiale était déjà pressant avant le 11 septembre. Il l'est encore plus depuis. Encore faut-il progresser sur les grands chantiers : réforme du G7 et des organismes internationaux, implication accrue des pays émergents, nouvelles régulations financières, contrôle démocratique renforcé... L'Europe doit catalyser cette nouvelle gouvernance mondiale. Elle ne pourra vraiment le faire que si elle améliore rapidement son propre système de gouvernance.

Même si la gouvernance est difficile à définir de façon rigoureuse, elle exprime des exigences raisonnables autour desquelles un large consensus peut s'organiser. La bonne gouvernance d'un système économique et social, comme d'une entreprise, c'est tout ce qui lui permet d'abord — exigence minimale — de vivre, ensuite de durer et prospérer. Cela suppose plusieurs conditions : l'organisation de la direction (du « pilotage ») du système ; l'accord sur les ambitions, en particulier les poids respectifs à accorder à des objectifs de croissance économique à moyen-long terme, de redistribution (réduction des inégalités Nord-Sud, également à l'intérieur de chaque pays), etc. ; la mise en commun de moyens pour atteindre de tels objectifs à travers différentes formes de coordination ; la définition et la transparence des règles du jeu ; l'organisation de procédures de contrôle démocratique, la responsabilité *(accountability)* étant la contrepartie logique du pouvoir confié aux instances de gouvernance. Un récent rapport du CAE faisait référence à la gouvernance mondiale comme la manière de « gouverner sans gouvernement[1] ». Bien sûr, il n'existe pas et il n'existera pas avant longtemps de gouvernement mondial. Mais, en pratique, la gouvernance du monde est susceptible d'aller du « laisser-faire » intégral, sorte de pilotage automatique, à la forme la plus achevée, aujourd'hui irréaliste, d'un véritable gouvernement mondial accompagné des contrepoids démocratiques habituels (un Parlement mondial, un ordre judiciaire mondial, etc.).

Nous en sommes loin. L'objet de ce chapitre est d'évoquer trois aspects du débat : 1) l'état actuel de la gouvernance mondiale, avant comme après le 11 septembre, n'est pas tenable ; 2) la nouvelle gouvernance mondiale doit s'organiser autour de quelques grands axes ; 3) dans cette définition d'une nouvelle gouvernance mondiale, l'Europe a un rôle essentiel à jouer. Elle pourra le remplir à condition de progresser elle-même dans la réalisation de ses propres ambitions.

La crise de la gouvernance mondiale

Elle a éclaté bien avant le 11 septembre, sous la conjugaison d'un ensemble de facteurs. J'en cite juste quelques-uns, à titre d'exemple. La multiplication des crises économiques et financières depuis le milieu des années 1990 est un symptôme non négligeable : Mexique en 1994-1995, Asie du Sud-Est à partir de juillet 1997, Russie en août 1998, Brésil en 1998-1999, plus récemment et toujours en cours Turquie, Argentine... Toutes ces alertes, plus ou moins bien maîtrisées, touchant des pays émergents ou en transition, donnent le sentiment d'une globalisation financière mal maîtrisée, dans laquelle le processus de libéralisation n'a pas été accompagné de la définition de nouvelles régulations (ou règles du jeu, au sens le plus large) permettant d'en profiter

1. P. Jacquet, J. Pisani-Ferry et L. Tubiana, « La gouvernance économique de la mondialisation », rapport au *Conseil d'analyse économique*, version préliminaire, septembre 2001.

pleinement. D'où, souvent après les épisodes douloureux de 1997-1998, la quête d'une nouvelle architecture financière internationale qui renvoie en fait à plusieurs sujets imbriqués : la sempiternelle réflexion sur le régime de change souhaitable compte tenu du renforcement des interdépendances économiques et sociales et de la mobilité des capitaux rendue encore plus parfaite qu'avant par les nouvelles technologies (Internet) ; la dette des pays en développement, avec bien sûr en toile de fond les questions sur le fonctionnement des organismes internationaux (FMI, Banque mondiale) et les interrogations nécessaires sur le rôle — mais aussi les défaillances — d'instances de coordination comme le G7 ou le G8 (les mêmes plus la Russie). La liste des thèmes sollicités par la nouvelle architecture financière est loin d'être épuisée. D'autant plus que certains mouvements en faveur d'une mondialisation mieux maîtrisée ont, depuis deux-trois ans, mis au centre de leurs revendications la taxe Tobin (taxation des opérations de change spéculatives, prônée par ATTAC et quelques autres associations).

La quête d'une nouvelle gouvernance mondiale n'est pas née que des excès et des sous-produits de la libéralisation financière. Elle concerne bien d'autres domaines : l'organisation du commerce mondial, en particulier l'introduction de nouvelles normes (sociales, d'environnement) en plus de celles déjà prises en compte ; les rapports économiques et géopolitiques Nord-Sud, mis en vedette après la chute du mur de Berlin et l'effacement de la confrontation Est-Ouest ; la recherche d'un développement durable, qui renvoie aux normes d'environnement et à la solidarité entre générations ; de façon constante, l'articulation entre les ambitions économiques (croissance à moyen-long terme) et les objectifs sociaux (réduction des inégalités Nord-Sud mais aussi dans chaque pays).

Présentée ainsi pêle-mêle, la tâche semble multidimensionnelle, immense et impliquer plusieurs générations. Le défi est d'autant plus exigeant que, même sur les constats empiriques, les désaccords persistent. Par exemple, depuis deux-trois ans, les études se sont multipliées à propos de l'impact concret de l'ouverture des économies et de la globalisation sur les inégalités Nord-Sud ou dans chaque pays. Sur ce thème, pourtant central, nous n'avons pas aujourd'hui d'évidence indiscutable. Chaque camp, en allant de la Banque mondiale aux associations se réclamant ouvertement de l'antimondialisation et en passant par des centres de recherche ou des économistes rattachés plus ou moins à tel ou tel courant, tend à solliciter les statistiques — ou plutôt certaines d'entre elles — dans le sens qui lui convient. Pas étonnant donc qu'une certaine confusion règne en la matière.

Pour résumer certains aspects de la crise de la gouvernance mondiale, je veux introduire ce que j'appelle « l'écart critique » : nous vivons depuis des années dans un monde où les systèmes (productifs, économiques, sociaux, etc.) sont beaucoup plus intégrés que ne le sont les politiques visant à les réguler. Peut-être que cet état de fait a toujours plus ou moins existé (je pense, par exemple, à la phase de globalisation 1880-1914). Mais l'essor de la libéralisation et le renforcement de l'interdépendance tous azimuts ramènent à la conscience de cet écart critique. Une autre façon d'exprimer la même idée est de dire qu'il existe un jeu de chat et souris entre l'évolution des systèmes et l'adaptation des modes de gouvernance, et que la gouvernance est en quelque sorte en retard d'une guerre par rapport aux changements de configuration dans les systèmes économiques et sociaux, et surtout leurs interactions.

C'est la persistance d'un tel écart critique qui, sans être nécessairement la cause, nourrit différentes formes d'instabilité : nombre de crises financières, la volatilité jugée souvent excessive sur les Bourses, sur le marché des changes, la fragilité d'un certain nombre d'institutions financières, etc. Face à de tels défis, deux attitudes sont, *grosso modo*, concevables. La première consiste à remettre en cause l'intégration des systèmes, à dérouler en quelque sorte à l'envers le film de la libéralisation et de la globalisation intervenues depuis vingt ans. Le 11 septembre va-t-il provoquer un fractionnement de l'économie mondiale, une remise en cause de la globalisation par le retour du protectionnisme, du contrôle des changes, etc. ? Je ne le crois pas. La globalisation est sans doute en grande partie irréversible, à l'horizon des dix-quinze prochaines années (au-delà, il est difficile de se prononcer et il ne faudrait pas injurier l'avenir), pour des tas de raisons parmi lesquelles l'argument des nouvelles technologies de l'information et de la communication occupe une place centrale. Le 11 septembre oblige plutôt à accompagner la libéralisation et la globalisation par des régulations et de la gouvernance mondiale.

Pour une vraie gouvernance mondiale

Dans les débats franco-français de l'été 2001, la taxe Tobin avait fini par prendre trop de place par rapport à d'autres sujets. Outre le fait, en définitive secondaire, que le Nobel américain James Tobin ne se reconnaît pas lui-même dans la façon dont son projet de taxation des opérations de change a été présenté par certains en France, il faut se ranger derrière la bannière du bon sens : toute séduisante qu'elle puisse paraître, il est difficile de rendre opérationnelle cette taxe Tobin. En outre, pour être efficace, elle supposerait un tel degré de coopération au plan mondial que, s'il était réalisé, il n'y aurait pas besoin de mettre en place cet instrument...

Le 11 septembre n'enterre pas la taxe Tobin. Mais il la ramène à sa juste proportion, loin derrière les autres voies que les attentats terroristes aux États-Unis conduisent désormais à privilégier (lutte contre les paradis fiscaux, contre les circuits de blanchiment de l'argent sale, contre le financement du terrorisme, etc.).

Une nouvelle gouvernance mondiale est rendue encore plus nécessaire par les conséquences géopolitiques et économiques du 11 septembre : récession aux États-Unis au second semestre de 2001, ralentissement sévère dans le monde et donc aussi en Europe. Elle devrait être organisée autour des axes suivants, avec l'objectif central de mieux assurer la production de certains biens collectifs internationaux (la paix, le développement durable, la stabilité financière, etc.).

UNE NOUVELLE INSTANCE DE CONCERTATION ET, SI POSSIBLE, DE DÉCISION AU PLAN MONDIAL

Avec ses communiqués souvent lénifiants et ses bonnes intentions peu suivies de réalisations, le G7/G8 a, pour l'essentiel, fait son temps. Certes, il a rendu des services au cours des années 1970 et 1980, et il peut encore en rendre aujourd'hui sur des sujets pointus d'ordre économique ou financier. Mais il est grand temps de créer une instance de régulation internationale (le mot régulation prend alors un sens large), mettant un terme au « club des riches » pour mieux associer les pays émergents et les pays en transition à des décisions qui les concernent autant que nous. Au sortir des crises asiatique et russe a émergé le G20, groupe de concertation entre les pays les plus industrialisés et certains pays émergents ou en transition. On peut discuter à l'infini de la taille optimale de cette nouvelle instance qui, pour la plupart des questions, viendrait remplacer le G7/G8. Appelons-la Gx, sans prendre *a priori* parti sur la valeur de x (égal à 20 ? supérieur ?). Plusieurs principes doivent présider à la mise en place de ce Gx :

— La nouvelle instance doit être représentative des changements intervenus dans l'économie mondiale, dans les rapports Nord-Sud comme dans l'articulation Est-Ouest.

— Ce Gx, pour éviter certains pièges auxquels le G7/G8 n'a pas su échapper, doit se donner les moyens de faire respecter un certain nombre de décisions arrêtées en commun (aussi bien sur la coordination des politiques macroéconomiques que pour la lutte contre le blanchiment de l'argent sale, etc.). C'est une exigence capitale pour la crédibilité du nouveau dispositif.

— Il faut éviter de multiplier les instances de concertation internationale, autrement dit les divers Gx. Dans une période où l'inflation au sens habituel n'est pas une menace sérieuse, ce que j'appelle « l'inflation des institutions » pourrait, elle, le devenir. La tentation n'a-t-elle pas été grande, après les crises internationales de 1997-1998, de multiplier les groupes et autres forums, faisant surgir alors de nouveaux et redoutables problèmes de concurrence et de coordination entre eux ?

UNE NOUVELLE ARCHITECTURE POUR LES ORGANISMES INTERNATIONAUX

Le débat était déjà largement ouvert avant le 11 septembre, il le reste bien sûr après. Depuis 1997-1998, la tendance est à charger la barque du FMI — une sorte de « fuite en avant » — tout en multipliant les facilités financières accessibles auprès de lui. Il y a là une dérive dangereuse pour l'économie mondiale, mais aussi dangereuse pour le FMI lui-même. C'est pourquoi il faut organiser l'architecture des organismes internationaux à vocation géopolitique large (FMI, Banque mondiale, OMC, BERD, Banque des règlements internationaux (BRI)...) autour de trois principes :

— La spécialisation de ces organismes, selon le principe bien connu des avantages comparatifs.

— Une coopération systématique entre eux, prenant le pas sur une concurrence exagérée. Une illustration parmi beaucoup d'autres : le FMI conditionnerait son soutien à un pays en difficulté traversant une grave crise bancaire à un satisfecit donné par la BRI pour tout ce qui touche à la supervision et au contrôle des banques. Un autre exemple, crucial pour surmonter l'échec de Seattle, consiste à établir (enfin !) des ponts systématiques entre l'approche de la régulation du commerce mondial à travers l'OMC et les questions monétaires et financières (par exemple, la dimension déterminante des taux de change) traitées dans le cadre du FMI.

— Un contenu plus pragmatique de la conditionnalité associée aux financements du FMI, de la Banque mondiale... Passer du « prêt-à-porter » au « sur-mesure » est facile à dire, en pratique plus difficile si l'on en juge par la tentation de transposer à la Russie des recettes éprouvées pour l'Asie du Sud-Est (et réciproquement), de traiter exactement cette dernière région comme si elle était à tous égards assimilable à l'Amérique latine, etc.

DES PROGRÈS DANS LA RÉGULATION BANCAIRE ET FINANCIÈRE INTERNATIONALE

Comme indiqué, d'autres sujets sont à la fois plus décisifs et plus opérationnels que la taxe Tobin. Il ne s'agit pas de remettre en cause la libéralisation et la globalisation, mais de les accompagner par des mesures de « re-réglementation » concernant l'élimination des paradis fiscaux, la lutte contre le blanchiment de l'argent sale, contre le financement du terrorisme. De façon plus générale, l'heure est à plus de transparence dans l'information bancaire et financière, ce qui implique de restreindre le champ d'application du secret bancaire et aussi de ne pas utiliser cet argument du secret vis-à-vis des instances de régulation. Le 11 septembre crée une « fenêtre », qui ne va pas durer très longtemps, pour amener les Américains et les Anglais à des mesures énergiques vis-à-vis des paradis fiscaux qu'ils ont souvent contribué à entretenir (îles Caïmans pour les uns, île de Man, Jersey, Guernesey... pour les autres). Ne laissons pas échapper cette opportunité née du drame aux États-Unis.

L'ACCOMPAGNEMENT DÉMOCRATIQUE DU CHANGEMENT INSTITUTIONNEL

Toutes les propositions faites ici et d'autres non évoquées faute de place nécessitent la mise en place d'instances parallèles facilitant la transparence, la responsabilité *(accountability)* et le contrôle démocratique. Pas plus que je ne crois à la possibilité d'un gouvernement mondial avant longtemps, je ne crois pas au scénario d'un Parlement mondial qui pourrait contrôler le Gx évoqué plus haut. Mais sans aller jusque-là, il faut — les exigences de légitimité et d'efficacité se rejoignent alors parfaitement — mieux associer l'ensemble des partenaires sociaux, nationaux, internationaux, etc. à des décisions qui les touchent directement.

En résumé, à travers ces différentes pistes, on voit que la demande pour une nouvelle gouvernance mondiale doit être à la fois ambitieuse et pragmatique.

Quelle place pour l'Europe dans cette démarche ?

Avant, et encore plus depuis le 11 septembre, il existe un besoin évident pour une Europe solidaire et proactive (et pas seulement réactive), ce que j'appelle une forte demande d'Europe. Face à une telle demande, il faut constater que l'offre d'Europe n'est pas à la hauteur. Nous autres, Européens, nous devons avant tout nous en prendre à nous-mêmes et ne pas chercher des excuses dans les événements internationaux ou dans le comportement des États-Unis, du Japon ou de toute autre partie du monde. Le divorce entre d'un côté la forme ambitieuse de mariage que constituent l'union économique et monétaire et l'arrivée, depuis le 1er janvier 2002, des billets et pièces en euros, de l'autre côté la relative impuissance de l'Europe lorsqu'il s'agit de peser sur le cours des événements internationaux et de définir son propre modèle de gouvernance ne pourra pas trop durer.

Pourtant, l'Europe en général et souvent la France en particulier ont été depuis vingt ans en flèche quand il s'est agi d'améliorer la régulation de l'économie mondiale ou l'architecture financière internationale. Une tradition qui vient en partie d'un terreau intellectuel et culturel, plus sensible dans la plupart des pays européens qu'ailleurs aux thèmes de la régulation et du pilotage économique.

Si l'Europe veut, dans l'après-11 septembre, contribuer de façon positive et crédible à la définition d'une nouvelle gouvernance mondiale, encore faut-il qu'elle donne l'exemple chez elle et qu'elle parvienne rapidement à délimiter les contours d'une véritable gouvernance de l'Union européenne et tout spécialement de la zone euro. La place occupée sur le devant de la scène par Tony Blair et le Royaume-Uni est venue en partie combler le vide laissé, à tort, par l'Europe continentale et particulièrement par les grands pays de la zone euro (Allemagne, France, Italie) qui à eux trois représentent 70 % du PIB de la zone. Il est temps qu'un rééquilibrage intra-européen intervienne.

Affirmer une vraie gouvernance européenne qui aiderait à l'accouchement d'une nouvelle gouvernance mondiale requiert une série d'exigences. J'en évoque juste quelques-unes.

1) D'abord — condition nécessaire mais pas suffisante —, il faut surmonter les divergences intra-européennes (par exemple entre la France et l'Allemagne) sur nombre de dossiers cruciaux pour l'avenir de la construction européenne. Ces divergences existaient avant le 11 septembre ; elles n'ont pas été aplanies depuis, qu'il s'agisse du contenu de la politique étrangère et de sécurité communes (PESC), de la réforme des institutions européennes, de l'attitude à l'égard de l'élargissement vers l'Europe de l'Est, de la position prise sur la réforme du système monétaire et financier international, etc.

2) Une meilleure gouvernance européenne passe aussi par un meilleur pilotage économique de la zone euro. Nous devons, à la lumière de la récession américaine et de ses conséquences pour le ralentissement mondial et européen, améliorer la coordination entre la Banque centrale européenne et les politiques budgétaires nationales. Sans remettre en cause ni le mandat de la BCE (objectif principal, mais pas exclusif, de stabilité des prix d'après l'article 105 du traité de Maastricht), ni le pacte de stabilité budgétaire, il faut se donner les moyens d'un *policy mix* dans la zone euro plus efficace et plus crédible.

3) À l'articulation de la gouvernance économique et de la gouvernance politique, l'Europe doit absolument progresser sur les grands dossiers en souffrance : l'harmonisation fiscale, la définition en commun d'une Europe sociale dont les contours et les ambitions demeurent aujourd'hui plus que flous, la réforme des procédures de décision (passage de la règle de l'unanimité au principe de la majorité qualifiée sur plusieurs questions importantes, dont la fiscalité déjà évoquée). Le calendrier prévu suscite quelques inquiétudes puisque, en 2004, devraient se télescoper la conférence intergouvernementale chargée de la réforme des institutions, susceptible de déboucher sur une vraie Constitution européenne, et le début de l'élargissement vers les plus avancés des pays d'Europe de l'Est.

C'est pourquoi il faut bousculer le calendrier initial et affirmer une vraie gouvernance économique et politique de l'Europe avant 2004.

Les « pays émergents » vont-ils enfin émerger ?

Par WLADIMIR ANDREFF ET OLIVIER PASTRÉ

Même si on peut être né dans un pays riche et être terroriste, quand on est né dans un pays pauvre, on a plus de raisons de le devenir.

La mondialisation et la globalisation sans frein ont accentué les inégalités entre le Nord et le Sud. Les pays émergents sont donc « mal partis ».

Il faut réagir. Faute de quoi les fractures entre le Nord et le Sud mais aussi au Nord et au Sud vont se faire plus profondes et, donc, plus invivables. De nombreuses voies de réformes existent : réforme des institutions internationales, moratoire sur la dette, lutte contre l'« argent sale », promotion des pratiques démocratiques au Sud... Il faut avoir le courage politique, au Nord comme au Sud et à l'Est, de les emprunter. Résolument et sans attendre.

La question des pays émergents est l'une des plus importantes de ce livre. Nous sommes nombreux, en effet, à penser que l'on ne naît pas terroriste : on le devient. Et on le devient quand l'écart entre des aspirations qui semblent naturelles et la réalité (que rend encore plus insupportable l'arrogance de ceux qui ont contribué à l'imposer) est tel que de l'écartèlement économique découle l'écartèlement psychique.

Face à l'horreur des vies sacrifiées, nous nous devons de commencer par opposer l'horreur des chiffres. Au poids des mots, le choc des statistiques :

— Près d'un milliard d'êtres humains n'ont pas accès à l'eau potable aujourd'hui. Si rien n'est fait, ils seront 4 milliards dans 25 ans.

— Depuis 1982, c'est l'équivalent de 43 plans Marshall que les pays du Sud ont « investi » au Nord en remboursement de leur dette.

Le vase est bien là : cela ne date pas d'hier :

— Le revenu des pays africains a baissé de 30 % depuis 1962.

— La croissance économique des pays émergents va être ramenée de 5 % en 2000 à 2 % au mieux en 2001.

Le vase est plein : la situation s'aggrave continûment :

— 1 point de croissance en moins ; tel va être, selon le FMI, l'impact du 11 septembre dans les pays émergents.

— Par ailleurs, les attentats du 11 septembre vont directement conduire à la mort par malnutrition de 10 à 20 000 enfants du tiers-monde.

La goutte d'eau ?

Le prix du mépris

Que l'on ne se trompe pas : le sous-développement ne constitue pas le seul ressort du terrorisme. L'impensable alchimie qui a débouché sur le drame du 11 septembre fait intervenir, au-delà de la stricte économie, des alliages politiques, culturels et sociaux de nature protéiforme, de même que nos « amis » des sectes aounienne au Japon et davidienne aux États-Unis (tout autant que leurs petits camarades de l'IRA et de l'ETA) sont là pour montrer que le Sud n'a pas le monopole du terrorisme. Il n'empêche : la pauvreté constitue le terreau d'un extrémisme auquel l'arrogance des pays riches apporte son engrais.

Ne critiquons pas le port du voile islamique, nous qui portons, depuis dix ans au moins, le voile de l'hypocrisie économique. Sans pour autant s'autoflageller et sans sous-estimer la responsabilité du Sud lui-même, sachons reconnaître que notre croissance de plus en plus rapide s'est faite de manière de plus en plus autocentrée. Les États-Unis ont pris le pouvoir et, comme l'a noté Éric Le Boucher dans *Le Monde*, « dans l'ère de l'économie triomphante, chaque État, chaque événement ne pesait que son poids commercial. La politique étrangère américaine (mais plus généralement celle des pays riches) était devenue mercantiliste ».

Un dossier, mieux que tout autre, témoigne de notre entêtement à avancer le torse bombé dans l'impasse économique que nous avons bâtie : celui de la dette du tiers-monde. Pour se développer, il faut investir et quand on est pauvre, pour investir, il faut s'endetter. Problème : quand on est pauvre, on paie plus cher son endettement que quand on est riche. Jusque-là rien d'anormal. Mais quand les taux d'intérêt payés par les pays du Sud sont 4 fois supérieurs à ceux payés au Nord, il y a un moment où « ça coince ». Plus de 3 000 milliards de dollars déjà remboursés depuis le début des années 1980 (soit plus de 3 fois le capital emprunté) mais il en reste encore 2 000 et beaucoup moins de croissance pour financer cette charge. Lorsqu'une banque voit un de ses débiteurs s'asphyxier, par peur du dépôt de bilan, elle compose. Par malheur, les pays du Sud ne peuvent pas déposer leur bilan. On a bien condescendu à annuler une partie de cette dette. Depuis le sommet de Cologne en 1999, moins de 10 % de la dette des seuls PMA (Pays les Moins Avancés) a ainsi été annulé... On croit rêver. Mais on ne rêve pas.

Heureusement que, pour compenser en partie cette charge, il y a théoriquement l'« aide » aux pays émergents. Objectif approuvé par l'ensemble des membres de l'ONU : 0,7 % du PIB des pays donateurs. La réalité ? 0,24 %. La réalité américaine ? 0,1 % : le record... Pendant que nous nous interrogions, au début de l'année 2000, sur le prochain doublement de la capitalisation boursière des valeurs Internet, faut-il s'étonner que, dans certains pays du Sud, certaines couches de la population aient cédé à un léger « agacement » ? Cet « agacement » aurait peut-être été moindre si, à la sévérité, ne s'était pas adjoint le cynisme. Car, enfin, est-il normal que le peu d'aide consenti par les pays du Nord l'ait généralement été à des régimes corrompus détournant la majeure partie des capitaux reçus ? Le temps n'est plus à la langue de bois. Car, enfin, est-il normal que Ben Laden ait été massivement financé par la CIA et que les infrastructures militaires que l'aviation américaine essaie aujourd'hui de détruire en Afghanistan ou ailleurs soient... *made in (and delivered by) USA* ? Car, enfin, est-il normal que l'on ait si longtemps accepté le régime du « deux poids, deux mesures » ? Les 16 000 (oui, 16 000) morts de Bhopal pèsent-ils moins lourd que ceux du World Trade Center ? Car, enfin, est-il normal que les États-Unis aient, depuis un certain temps au moins, adopté la stratégie de la « chaise vide » à Durban comme à Kyoto et au Moyen-Orient, dès lors qu'étaient posées des « questions qui fâchent » ?

Le drame du 11 septembre risque, par ailleurs, d'amplifier un phénomène déjà en œuvre depuis plusieurs années et potentiellement explosif : la « bipolarisation » des pays émergents. D'un côté les « bons » pays émergents qui s'ouvrent au grand vent du libéralisme (et aussi, souvent, de la corruption) et de l'autre les « mauvais » dont le supposé irrédentisme culturel contribue à creuser les tombes. Depuis le 11 septembre, il est de nouveaux « bons élèves » dont le « major » est, sans conteste, la Russie. Tchétchénie contre appui en Afghanistan ? Nouveau rôle sur l'échiquier énergétique contre pérennisation des oligarques ? Certes, il est plus facile pour un Américain (question d'habitude) de négocier avec des mafieux qu'avec des terroristes. Mais la réponse apportée, apparemment au moins, est-elle à la hauteur des défis que le Nord a désormais à affronter ? Et *quid* des nouveaux exclus de la croissance mondiale ? Car, ne l'oublions pas, les principaux pays émergents étaient en crise avant le 11 septembre. L'Argentine, la Turquie sont en crise. Que se passera-t-il si ces « verrous » sautent ?

Ce qu'il y a de plus humiliant peut-être dans l'attitude du Nord depuis près de vingt ans, c'est son refus de penser. À tout problème, il était une arme supposée sans défaut (à quelques « dommages collatéraux » près) : le Plan d'Ajustement Structurel (le célèbre PAS) qui, en restaurant les grands équilibres économiques (sans égards particuliers pour les conséquences sociales de cette restauration), était supposé ouvrir la voie du confort moderne. Il va falloir, à l'avenir, faire preuve d'un peu plus d'imagination, de même que d'un peu plus de modestie. Et ce, tant au niveau des scénarios que l'on peut bâtir que des solutions que l'on peut esquisser.

Repli ou interdépendance : le dilemme

Il n'est guère possible de dresser dès à présent des scénarios détaillés et précis des conséquences économiques du 11 septembre pour les pays émergents. On peut cependant formuler deux hypothèses stylisées permettant de définir, selon les réactions, quatre scénarios quant aux stratégies que pourraient adopter les pays émergents au cours des prochains mois. Selon une première hypothèse (stabilisation du conflit), la réaction militaire reste concentrée en Afghanistan et s'accompagne d'une action internationale, plus diffuse et moins voyante, contre les réseaux terroristes ; la réplique terroriste reste, elle aussi, assez diffuse et limitée. Dans cette hypothèse, le scénario central pour les pays émergents est un prolongement des tendances du passé avec des modulations quantitatives plus ou moins importantes quant à l'ampleur de la récession, des déficits, de la dette extérieure, de l'extension du chômage et de la pauvreté.

Selon une deuxième hypothèse (propagation « catastrophique » des tensions), il se produit une double extension du conflit, extension géographique du conflit militaire au-delà de l'Afghanistan (vers d'autres pays d'Asie centrale et/ou du Moyen-Orient), suivie d'une réplique terroriste par extension des armes utilisées, non seulement aux armes bactériologiques, mais aussi aux armes chimiques, aux armes nucléaires et à « l'arme » énergétique. Les principales incidences en sont une baisse de confiance et de moral généralisée des acteurs économiques dans les pays riches, une perte de confiance dans le dollar, suivie de sa dépréciation sur les marchés des changes, un krach financier, un choc pétrolier (et gazier) et une revalorisation de la puissance stratégique russe, étant donné l'importance de sa dotation en hydrocarbures et de son savoir-faire dans les tests d'armes bactériologiques, chimiques et nucléaires (et, espérons-le, de leurs antidotes).

Si cette seconde hypothèse se vérifiait, elle serait de nature à différencier de manière drastique la situation des pays émergents face à la crise. Un certain nombre de pays, dont les pays exportateurs d'hydrocarbures, verraient leur situation s'améliorer. Pour ne prendre qu'un exemple, la Russie pourrait enfin négocier son soutien aux États-Unis contre la révision de leur tracé d'oléoduc partant d'Azerbaïdjan et contournant la Russie pour traverser la Turquie. Quant aux autres pays émergents, dont la dépendance énergétique est très forte, ils seraient particulièrement affectés par un nouveau choc pétrolier ; la facture pétrolière « plomberait » leur dette extérieure et le retour à de dures politiques d'austérité pourrait être inévitable bien que très mal accepté par les populations locales.

Dans chacune des deux hypothèses précédentes, deux scénarios opposés peuvent être stylisés pour les pays émergents. Le premier est un repli de ces pays sur eux-mêmes. Le second tient beaucoup plus compte de leur interdépendance avec le reste du monde ainsi qu'entre eux et débouche sur leur participation à une stratégie de sortie de crise coordonnée au niveau européen et mondial. Le scénario de repli paraît encore plus probable dans l'hypothèse n° 2 que dans l'hypothèse n° 1, bien qu'une stratégie coordonnée soit infiniment plus indispensable en cas d'évolution « catastrophique ».

Dans le scénario de repli, les pays émergents succombent à une tentation forte de protectionnisme commercial. Ils cherchent à réintroduire des protections quantitatives et douanières. Des actions hostiles se font jour à l'encontre des investissements directs étrangers (IDE), suite aux licenciements opérés dans les filiales créées ou rachetées par des firmes occidentales. Les codes (ou lois) régulant l'entrée des IDE sont révisés dans un sens moins libéral. Un contrôle des changes assez strict est introduit, en particulier dans l'hypothèse n° 2, pour tenter de se prémunir à la fois contre les entrées de capitaux étrangers et la propagation du krach financier. Les pays émergents atteints par la crise financière décident des moratoires unilatéraux, lésant les intérêts (au moins bancaires) étrangers présents sur leurs territoires. Des programmes nationaux de relance visant la réanimation du marché intérieur sont lancés de façon isolée, sans coordination avec les autres pays émergents, et leur efficacité reste limitée. Face au repli des pays émergents, l'assistance et l'aide internationales en provenance des organisations et de la communauté internationales, notamment pour lutter contre l'inflation, le chômage et la pauvreté, sont concédées *a minima*.

Dans le scénario d'interdépendance, la tentation protectionniste des pays émergents est beaucoup moins forte.

L'ouverture des pays émergents au commerce international est largement maintenue, même si elle est modulée par quelques restrictions temporaires aux importations dans les secteurs les plus sinistrés par la crise. Il en va de même de l'ouverture aux IDE et aux capitaux en général, avec d'éventuels aménagements momentanés. Pour les pays les plus en difficulté financière, c'est dans la concertation avec les créanciers qu'est négocié un rééchelonnement de la dette. Si l'hypothèse n° 2 se vérifie, la coopération avec les organisations économiques internationales d'aide à l'ajustement (dont le FMI) et au développement (dont la Banque mondiale) ne subit pas de restrictions.

On le voit bien, face à ces quatre scénarios les pays émergents se trouvent à la croisée des chemins.

Six mesures pour un nouvel ordre mondial

Nous ne sommes absolument pas pessimistes. Si les réformes — aveuglantes de nécessité — sont entreprises rapidement, nous pensons, sans aucun angélisme, que la crise actuelle pourra nous permettre de quitter le territoire du « meilleur des mondes » pour rejoindre celui d'un monde meilleur.

1) On doit absolument recommander l'acceptation rapide d'une adhésion à l'OMC de ceux des pays émergents qui sont exclus à ce jour de cet ensemble en contrepartie de leur engagement à normaliser *ex post* et non pas *ex ante* leur régime de commerce extérieur et leurs politiques commerciales.

De même doit-on, dans le cadre de l'OMC, traiter les pays du Sud avec, à tout le moins, respect. Les accords de Marrakech, signés en 1994 au terme de l'Uruguay Round, ont imposé aux pays pauvres des contraintes dont les pays riches se sont, à bon compte, exonérés. L'échec de la conférence de Seattle aurait dû nous alerter : il témoignait du « ras le bol » des exclus de la croissance. La conférence de Doha nous permet de ne pas sombrer définitivement dans la déprime. Même si les relents triomphalistes qui ont salué la signature d'un accord au Qatar tiennent plus de la « méthode Coué » que de l'analyse objective, force est de reconnaître que chacun des camps a fait des concessions (le Sud sur le textile, les États-Unis sur les médicaments et l'Europe sur l'environnement) et que chacun est reparti en ayant l'impression d'avoir sauvé l'essentiel (le Sud sur les médicaments, les États-Unis sur le textile et l'Europe sur l'agriculture). Toutefois deux problèmes demeurent. Bien des dossiers, et non des moindres, n'ont pas véritablement avancé. Des problèmes environnementaux aux normes en matière de législation du travail, la liste des « sujets qui fâchent » est toujours longue. Par ailleurs, là où un consensus (plutôt mou à nos yeux) s'est dégagé, les modalités précises d'application demandent à être définies. Et, pour ce faire, il faudra accepter le principe de remise en cause de certains de nos dogmes. Pour ne prendre qu'un exemple, l'Europe ne sortira pas grandie (et Dieu sait qu'elle n'est déjà pas grande) de la défense obtuse de sa ligne Maginot agricole. S'il est nécessaire, pour la France en particulier, d'assurer la défense de ses agriculteurs, il serait, en effet, regrettable que, nouveaux attentats aidant, la population des villes européennes paie au prix de sa sécurité la rente de quelques grands groupes céréaliers et sucriers.

2) L'orientation de la Banque mondiale vers la lutte contre la pauvreté et en faveur des aspects sociaux du développement dans les pays émergents doit être confirmée et renforcée. La Banque mondiale estime d'ores et déjà à 10 millions le nombre de personnes qui basculeront sous le seuil de pauvreté (soit moins d'un dollar par jour) du fait du ralentissement de la croissance au lendemain des attentats. Ce nombre est destiné à augmenter si la récession dure et à littéralement exploser dans l'hypothèse n° 2. Face à ce péril d'un accroissement de la pauvreté, il faudrait également augmenter les moyens mis à la disposition du PNUD (Programme des Nations Unies pour le développement) dans le même but d'endiguer la montée de la pauvreté.

Après tout, pour donner à tous les habitants de la planète de l'eau potable, une nourriture suffisante et une éducation de base, il suffirait seulement de 90 milliards de dollars par an pendant dix ans. Au total, à peine 4 % de la capitalisation boursière qui a brusquement disparu le 11 septembre ou à peine 0,15 % des dépenses publiques des pays de l'OCDE ou, encore, à peine 90 dollars par an et par habitant des pays du Nord... Ce pourboire (au sens strict du terme) n'aurait toutefois de sens, comme le note James Wolfensohn, le président de la Banque mondiale, que si l'investissement favorise l'intégration : « Cela veut dire permettre aux individus de participer aux décisions qui affectent leur existence. » Vaste mais incontournable programme.

3) On ne peut que soutenir, dans la situation nouvelle de l'après 11 septembre, l'abandon des anciennes conditionnalités strictes (programmes de stabilisation basé sur une rigueur monétaire et budgétaire quasiment « mécanique ») pour recevoir, dans les pays émergents, l'aide du FMI et de la Banque mondiale. Il convient de généraliser le consensus post-Washington dont Joseph Stiglitz, récent prix Nobel d'économie, s'est fait le héraut. Il serait, dans ce nouveau contexte, plus opportun que les aides du FMI et de la Banque mondiale soient désormais conditionnées par l'absence de complaisance vis-à-vis du terrorisme et du blanchiment de l'argent sale ou par l'exigence du non-détournement des fonds de l'aide.

Le temps du « What we have is what they need » est définitivement révolu. Le FMI et la Banque mondiale doivent l'un et l'autre... s'ajuster. Il n'y a pas trente-six solutions. Le FMI et la Banque mondiale vont devoir ne pas simplement débiter de la « fourche caudine ». Ils vont devoir adapter leur aide à l'usage que les pays en font. Ils vont devoir, d'une manière ou d'une autre, passer de la conditionalité (si tu ne fais pas de coupes budgétaires, gare...) à la sélectivité (si tu ne démocratises pas ton pays, ce sera sans nous...). Bref ils vont devoir faire de la politique (comme Alan Greenspan a, à son niveau, si bien su en faire).

4) Sans aller jusqu'à une taxe Tobin mondiale, qui a beaucoup perdu de son sens depuis le 11 septembre, une meilleure régulation financière internationale est devenue une « impérieuse nécessité ». Dans ce sens, mériteraient d'être examinées des mesures telles qu'augmenter les prérogatives de la BRI en matière de supervision (voire de contrôle) des mouvements de capitaux, normaliser la fiscalité des paradis fiscaux, introduire une régulation internationale homogène et relativement restrictive des places financières « offshore » (coïncidant pour la plupart avec des paradis fiscaux) et réglementer les transferts de fonds instantanés entre places financières.

N'en déplaise aux thuriféraires de la libéralisation financière, il ne s'agit pas ici d'une attaque en règle des principes libéraux mais simplement d'une meilleure régulation des flux internationaux de capitaux et, partant, d'une minimisation des risques que ceux-ci présentent.

5) Le problème de la dette du tiers-monde se doit d'être traité à part et de manière prioritaire. La question n'est pas (ou, en tout cas, n'est plus) : faut-il réduire cette dette ou l'annuler ? Il faut, par pans entiers, l'annuler. Bien sûr que les pays vraiment solvables doivent continuer à rembourser. Pour les autres (bien au-delà des PMA), la question est : qu'obtenir en échange de cette annulation ? Plusieurs solutions ont, depuis plusieurs années, été esquissées. Une annulation octroyée au rythme des réformes entreprises par les pays bénéficiaires ? Une annulation pure et simple compensée par un gel de tout nouveau crédit et une modulation de l'aide ? Chaque solution a ses avantages et ses inconvénients. De grâce : quantifions ceux-ci et faisons les choix qui s'imposent. Et arrêtons de faire, dans ce domaine comme dans d'autres, des promesses pour mieux mobiliser par la suite toutes les énergies possibles pour ne pas les tenir (Cologne, APD/ONU...). La démagogie du fort est, vis-à-vis du faible, la forme la plus vive du mépris.

6) On ne saurait trop insister sur la nécessité de mettre en œuvre strictement les mesures recommandées par le GAFI (Groupe d'action financière contre le blanchiment des capitaux, créé sous les auspices de l'OCDE) pour combattre le blanchiment national et international des capitaux et renforcer les moyens d'intervention d'Interpol pour arrêter les principaux acteurs de la criminalité financière. Cette dernière a, en effet, parfois participé directement ou indirectement aux mouvements de fonds finançant le terrorisme international. Il faut ainsi absolument interdire les comptes ouverts par les filiales des grandes banques installées dans les paradis fiscaux, de façon à fermer les « boîtes noires de la mondialisation financière » (selon l'heureuse expression des juges B. Bertossa, B. Dejemeppe, E. Joly, J. de Maillard et R. Van Ruymbeke) localisées dans les paradis bancaires et fiscaux, et créer les institutions d'application de telles mesures sous le contrôle d'une organisation internationale existante. Et prévoir de sanctionner et boycotter économiquement les pays qui ne se plieraient pas à ces règles et joueraient les *free riders*. Pourquoi ne pas demander, de même, aux « grandes banques » supposées honnêtes de démontrer que les montages juridiques qu'elles valident par leur octroi de crédit ont une véritable raison d'être économique et n'ont pas pour seul but le détournement des lois ? Le renversement de la charge de la preuve a, parfois, des charmes incontestables.

N'oublions pas toutefois que, en matière de terrorisme, le problème du « blanchiment » est inversé. Il n'est pas question de rendre honnête de l'argent issu de trafics *inavouables* mais d'utiliser de l'argent parfaitement « clean » pour se livrer à des activités qui resteront pour toujours inavouées. Ceci complique l'exercice des instances de contrôle (les traces de délinquance sont bien plus ténues) et nécessite des mesures, à ce jour, mal sériées et faisant l'objet d'une coopération internationale notoirement insuffisante.

Il va de soi que les mesures qui sont préconisées ici n'auront de sens que si le Sud lui-même se (re)prend en main. Tout attendre du Nord et des organisations internationales n'a aucun sens. Dans ce domaine il est au moins deux priorités absolues.

La première, c'est le renforcement de la coopération et de l'intégration Sud-Sud. Le commerce ne s'est, à ce jour, horizontalisé qu'au Nord. Pour le Sud, hors le Nord point de salut. Il est temps de promouvoir le commerce entre pays émergents eux-mêmes. Ce qui a été fait en Amérique latine avec le Mercosur et, dans un autre genre, l'ALENA a montré la voie. L'intégration régionale est facteur (non exclusif bien sûr) de développement. Que dire alors de l'enlisement de l'UMA au Maghreb, sans même parler des initiatives régionales en Afrique subsaharienne ? Les pays du Nord doivent cesser de regarder les pays du Sud de haut. Mais les pays du Sud doivent aussi regarder autour d'eux.

La deuxième priorité, de loin la plus importante, concerne la démocratie. Sans démocratisation au Sud, il ne sera aucune réforme économique viable. Les pays du Sud doivent balayer devant leur porte. Que ceux-ci commencent par réformer leurs systèmes bancaires et par rendre plus transparents leurs mécanismes commerciaux et comptables. La transparence est la condition *sine qua non* de la démocratie. Une fois cette étape franchie, les organisations internationales pourront jouer leur rôle en favorisant systématiquement les pays ou les réformes qui permettront aux pays émergents de sortir du pseudo-Moyen Âge que Ben Laden a rêvé mais que toutes les puissances économiques du monde, au Nord comme au Sud, ont contribué à faire.

Pour une relance des investissements vers les pays émergents

Par Patrick Artus

Le problème essentiel auquel sont confrontés aujourd'hui le système financier international et les politiques de développement est l'insuffisance des investissements directs d'entreprises. La majorité des pays émergents ne reçoit pratiquement pas d'investissements directs et est déstabilisée par les investissements financiers. C'est sur le développement des investissements directs que devrait se concentrer la réflexion sur la réglementation des flux de capitaux internationaux. Si le 11 septembre amène un supplément de recherche sur la politique de développement, il nous semble que la piste de l'accroissement des investissements directs est la plus pertinente.

Il existe diverses propositions pour réglementer les flux internationaux de capitaux : meilleur contrôle des places offshore, taxe Tobin, dépôt non rémunéré d'une partie des investissements financiers, comme au Chili au début des années 1990.

Il est clair qu'une réglementation de ces flux est nécessaire ; il faut cependant, pour qu'elle soit utile, qu'elle corresponde à la nature du problème qu'on cherche à résoudre et au type de flux de capitaux concerné.

Aujourd'hui, le problème le plus grave semble être l'insuffisance des flux d'investissements directs vers la plupart des pays émergents, qui réduit leurs possibilités de rattrapage économique. Mais la nature du problème a évolué dans le temps, comme on va le voir.

Dans les années 1970-1980 et au début des années 1990, répondre aux crises de change

Du début des années 1970 au milieu des années 1990, après la fin des changes fixes en 1971, le problème le plus grave était l'apparition régulière de crises de change dues aux flux de capitaux spéculatifs à court terme : dépréciation brutale du dollar vis-à-vis du mark ou du yen à la fin des années 1970 et au milieu des années 1980 ; chute du sterling en 1985-1986 puis en 1992, chute de la lire de 1992 à 1993, dépréciations répétées de la peseta et du franc par rapport au mark de 1976 à 1987.

Du début des années 1980 à la crise du SME de 1992-1995, les violentes variations des taux d'intérêt des pays européens qui essaient de stabiliser leurs devises vis-à-vis du mark sont impressionnantes : les taux courts italiens montent jusqu'à 18 %. Ce niveau élevé des taux courts en France, en Espagne, en Italie est, on le sait, une des causes majeures de la faible croissance et du sous-investissement durable dans ces pays, qui ne disparaissent qu'avec la baisse des taux d'intérêt en 1996-1997.

La proposition de taxe Tobin est née à la fin des années 1970 et se place dans le contexte de cette époque : limiter les flux de capitaux à court terme sur le marché des changes pour éviter les crises de change, redonner de l'autonomie aux politiques monétaires nationales.

L'efficacité de cette taxe dans le contexte de cette période était déjà discutable : si les spéculateurs attendent des variations brutales des taux de change, une taxe faible ne limitera plus les flux de capitaux. La situation est pire aujourd'hui. Le marché des changes n'est plus un marché très spéculatif : très peu de fonds spéculatifs par exemple prennent des positions liées aux taux de change, après les pertes encourues dans les années 1990. Les *hedge funds* sont aujourd'hui basés sur des approches techniques : ils exploitent des anomalies de marché.

L'importance des flux quotidiens sur le marché des changes ne résulte plus du tout de la spéculation mais du fonctionnement du marché : les ordres d'un client final reçus par un des *market-makers* sont retransmis à un autre *market-maker*, puis à un troisième..., ce qui est la manière utilisée de répartir les ordres. Ceci multiplie les volumes sans aucun lien avec la spéculation. La spéculation de change n'est plus un problème réel, les flux sur le marché des changes n'en sont pas le reflet. La taxe Tobin n'aurait comme effet que de réduire la liquidité du marché.

Depuis le milieu des années 1980, une mauvaise structure des financements internationaux est le problème essentiel

Le cas des émergents d'Asie est caractéristique. De 1993 au début de 1997, la dégradation de la balance courante de ces pays a été plus que compensée par des entrées de capitaux de portefeuille (investissements financiers) et de capitaux à court terme. La crise de change apparaît parce que les capitaux à court terme se retirent brutalement, ce qu'ils continuent à faire depuis 1997. Il s'agissait essentiellement de capitaux à court terme bancaires : les banques internationales prêtaient aux banques locales qui, ayant de ce fait beaucoup de liquidités, ont financé des projets sans intérêt économique (surcapacités, immeubles de bureaux inutiles...).

Il ne s'agit pas du tout ici de spéculation liée aux changes, mais de la défaillance des systèmes d'analyse des risques aussi bien dans les banques internationales que dans les banques locales. C'est dans une meilleure supervision de ces banques par les autorités de tutelle que réside le remède. Ce processus est clairement entamé, avec, dans les pays émergents, beaucoup plus d'attention donnée au contrôle des risques bancaires, avec la réforme des ratios de capital exigé. Depuis la crise, on observe un retrait continu des capitaux à court terme depuis les pays émergents, signe de la beaucoup plus grande prudence des prêteurs.

Dans la période récente, insuffisance des investissements directs

Dans la période récente (1997-1998), le problème essentiel est le suivant : les flux d'investissement directs sont trop faibles et trop concentrés pour assurer le rattrapage économique des émergents. Il s'agit d'investissements d'entreprises dans ces pays, pas d'investissements financiers ou de prêts bancaires. Il est bien documenté que ces investissements sont stables, contribuent aux transferts de technologie, accroissent des capacités de production utiles. L'investissement direct vient surtout des pays européens et se dirige autant vers les États-Unis que vers les pays émergents.

Au début de 2001, l'investissement direct net à l'étranger de la zone euro et du Royaume-Uni est sur une tendance de 200 milliards de dollars par an ; l'investissement direct net aux États-Unis de 120 milliards de dollars par an, dans les émergents aussi de 120 milliards de dollars par an. Mais il faut se rendre compte de l'extrême concentration de ces flux : 4 pays (Argentine, Brésil, Chine, Pologne) reçoivent en moyenne les trois quarts des flux d'investissement direct. On atteint 85 % si on ajoute le Mexique, alors par exemple que les pays d'Amérique latine autres que le Mexique, l'Argentine et le Brésil ne reçoivent que très peu d'investissements directs. La situation est similaire dans les autres régions du monde : les pays d'Europe centrale, d'Afrique ou d'Asie, autres que ceux cités plus haut, ne reçoivent pratiquement pas d'investissements directs.

Les investissements de portefeuille génèrent des fluctuations des changes et des marchés financiers

Les investissements de portefeuille (c'est-à-dire financiers, autres que les investissements directs) vers les émergents ont été importants de 1996 au début de 1998 ; il y a eu retrait en 1999, puis retour en 2000. Ceci provoque des fluctuations considérables des cours boursiers : les marchés des émergents sont de faible taille par rapport à ceux des pays de l'OCDE, les prix fluctuent énormément avec les achats ou ventes des non-résidents : la Bourse d'Amérique latine est multipliée par 2 entre 1998 et 2000, celles des émergents d'Asie par 3.

Cette volatilité des flux de capitaux étrangers n'a que des effets négatifs : les entrées de capitaux ne servent pas aux entreprises locales à lever des ressources financières et à investir davantage : elles ne font que créer une variabilité des cours qui est déstabilisante puisqu'elle crée puis détruit de la richesse, affecte la situation des épargnants, des banques.

Il est d'ailleurs attristant de voir que, au moins dans les émergents d'Asie, les ressources financières des pays liées entre autres aux excédents des balances courantes, mais aussi aux investissements de portefeuille, ne servent pas à investir dans des capacités de production supplémentaires mais à accroître les réserves de change, c'est-à-dire à financer le Trésor des États-Unis.

Quels problèmes pour le système financier international ?

Les points centraux nous semblent être donc : l'insuffisance globale des flux d'investissement direct vers les émergents ; en 2000, ils ont reçu 120 milliards de dollars d'investissement direct net, soit 1,2 % du PIB américain, 0,3 % du PIB de la planète, ce qui ne peut pas suffire à assurer leur rattrapage économique ; la trop forte concentration des flux d'investissement direct sur un petit nombre de pays (Chine, Mexique, Argentine, Pologne, Brésil), laissant de côté les autres pays ; l'existence de flux déstabilisants d'investissement de portefeuille, qui génèrent une volatilité boursière et patrimoniale néfaste.

La réglementation (ou les mécanismes incitatifs) liée aux flux de capitaux internationaux devrait donc viser à amener des flux d'investissement direct vers des pays qui en sont privés, et à réduire les flux d'investissement de portefeuille.

Ce point de vue qui précède peut être un peu relativisé quand on regarde les niveaux d'épargne et d'investissement des pays. Les PECO et les pays d'Amérique latine ont des taux d'épargne structurellement faibles (autour de 18 % pour le taux d'épargne de la nation) ; de ce fait, malgré des taux d'investissement eux-mêmes faibles, ils présentent un déficit structurel de la balance courante, d'où la récurrence des crises liées à la dette extérieure. La situation est différente en Asie avec les taux d'épargne très élevés (30 à 35 %). L'insuffisance des investissements directs est plus grave en Europe centrale et orientale et en Amérique latine qu'en Asie. Mais les effets déstabilisants des allers-retours des flux de capitaux de portefeuille sont en revanche très importants en Asie.

Le problème contemporain, on l'a vu, n'est pas de réduire les flux du marché des changes (qui résultent de la technologie de fonctionnement de ce marché) ou de contrôler les capitaux à court terme des banques (mieux supervisés après la crise asiatique). Il s'agit beaucoup plus d'accroître les flux d'investissement direct vers les pays émergents (à l'exception du petit nombre qui en bénéficie déjà) et de réduire les flux de capitaux de portefeuille (particulièrement en actions) vers ces pays.

La taxe Tobin, qui visait à réduire l'activité du marché des changes, est donc inopérante. L'obligation de réaliser des dépôts non rémunérés à la Banque centrale en cas d'investissement financier (système de l'Encaje au Chili depuis les années 1990) est certainement plus efficace. On peut penser aussi à associer davantage des capitaux privés (d'entreprises) et des capitaux publics (Banque mondiale, banques régionales de développement, BERD...). De fait, on a envie d'une ouverture sélective des pays, inspirée par l'exemple de la Chine : ouverture très large aux investissements directs, limitée aux flux financiers. Le contrôle sélectif des capitaux à l'entrée est une piste raisonnable.

Il ne faut cependant pas oublier les autres obstacles aux investissements directs : risque politique, risque de taxation ou de blocage dans le pays des profits, corruption... Ces obstacles ne peuvent pas se lever par la reréglementation financière.

Le défi des inégalités

Par Pierre-Noël Giraud

La mondialisation accroît certaines inégalités économiques. Mais, contrairement à une vision manichéenne aujourd'hui répandue, elle en réduit d'autres. Elle favorise en effet le rattrapage de ceux des pays émergents qui savent en tirer parti, ce qui exige toujours des politiques internes actives de redistribution. Beaucoup doit cependant encore être fait pour renforcer la régulation internationale des marchés, dans les domaines financiers et commerciaux. L'aide publique au développement doit être fortement augmentée. Ce ne sera possible que si l'on trouve les moyens de mieux l'utiliser.

Après le 11 septembre, la tentation est grande de faire preuve d'un économisme excessif et, par exemple, de voir dans des inégalités de richesse extrêmes, et souvent croissantes, le terreau fertile où s'enracinent les mouvements terroristes. Ce ne sera pas notre hypothèse. Ces mouvements relèvent de la politique et la politique n'est jamais une simple expression de l'économie. En soi, la croissance des inégalités méritait cependant qu'on s'en préoccupe bien avant le 11 septembre. Et si les événements récents ravivent la question, c'est avant tout parce qu'ils nous invitent à un réexamen d'ensemble de l'état du monde. On montrera donc d'abord pourquoi ces événements ne relèvent pas principalement de l'économie ni dans leur origine, ni dans les réponses qu'ils exigent. Ayant ainsi pris la distance qui convient par rapport à l'actualité, on proposera quelques hypothèses sur l'origine des inégalités et les moyens d'y remédier.

Une réponse politique

Al Qeïda, comme les Frères musulmans, le FIS, le RSS ou le Shiv Sena hindous sont des organisations politiques. Leur objectif est le pouvoir d'État. L'objectif d'Al Qeïda est la prise de pouvoir en Arabie Saoudite et, à partir de là, dans d'autres États musulmans. Quand elle frappe les États-Unis, c'est la monarchie d'Arabie Saoudite qui est visée. Dieu est absent de tout cela. Il n'y a au fond rien de commun entre les organisations intégristes musulmanes et l'armée de Tarik Ibn Ziyad, qui brûla ses vaisseaux après avoir franchi le détroit de Gibraltar pour envahir l'Espagne. Cette armée, comme celle des croisés, croyait en un Dieu à l'époque encore vivant. Or le Dieu des grandes religions est mort depuis longtemps. Il commence de mourir en Europe à la Renaissance, où il est remplacé par le Dieu abstrait de Galilée et de Descartes, qui à son tour meurt avec les Lumières. Avec l'expansion mondiale de la civilisation européenne, Dieu est ensuite mort partout. Cela signifie aussi que nous ne vivons pas plus un « choc de civilisations » que des « guerres de religion ». Car de civilisation, il n'en existe plus qu'une, et nous vivons désormais dans un seul monde. Il existe, certes, une grande diversité de cultures. Mais le choc des cultures, cela se rencontre paraît-il jusque dans les fusions d'entreprises ! Ce n'est vraiment pas de cela dont il s'agit. Ces mouvements sont politiques. Or la politique ne se déduit jamais de l'économie. C'est même le contraire : elle est ce qui s'y oppose. Quand ce n'est pas le cas, c'est que, malgré les apparences, la politique n'existe pas, comme depuis des décennies maintenant dans la plupart des pays riches : voyez le contenu de nos débats électoraux. Mais elle existe ailleurs, hélas aujourd'hui sous des formes sauf exception profondément réactives, voire criminelles.

D'où viennent ces mouvements politiques terroristes qui ont pour cible les États-Unis, et tout autant, sinon d'abord, les gouvernements de la plupart des pays arabes, qu'ils jugent corrompus et à leur solde ? Quel est le terreau sur lequel se développe leur politique criminelle ? Pas pour l'essentiel les inégalités économiques. Car, depuis l'expansion de la civilisation européenne, ce qui s'est aussi répandu, avec la mort de Dieu, c'est tout à la fois l'exigence d'égalité politique et la conviction que le progrès, scientifique et économique, est possible. La pauvreté en soi n'est alors pas perçue comme une injustice insupportable, à condition que les moyens existent de la surmonter par un effort collectif. Ce qui est insupportable, c'est l'injustice politique. D'abord en elle-même et parce qu'elle entrave la réduction des inégalités économiques.

C'est l'égalité politique (« chaque homme compte pour un ») qui aux yeux d'un nombre probablement croissant d'hommes est aujourd'hui bafouée par la politique internationale. Ce qui rend possibles des mouvements comme Al Qeïda, c'est la haine engendrée par le sentiment croissant que, dans le monde actuel, « il y a deux poids et deux mesures ». Sentiment dont la forme ultime est bien sûr que la vie elle-même est infiniment loin d'avoir partout le même poids : soldat américain et soldat irakien, civil américain et civil irakien ou afghan, israélien et palestinien, malade du sida dans un pays riche et en Afrique, émir du pétrole et bonne-esclave philippine ou pakistanaise. C'est probablement cela qui explique la forme sinistre d'action politique qu'est le crime-suicide de masse. En sacrifiant ma vie pour supprimer le plus possible des vôtres, qui sont (et qui vous sont) si chères, je rétablis un effroyable équilibre. Il en résulte que la réponse à Al Qeïda doit être une politique. Si, en bonne doctrine clausewitzienne, la guerre peut être la continuation de la politique par d'autres moyens, au moins faut-il que cette guerre ait un objectif de paix clair et ne serve pas la politique de ses adversaires. Mais ce n'est pas ici le lieu d'en discuter.

Des inégalités croissantes

Reste que le « prix de la vie » est en effet en partie lié au développement économique. Il est donc indispensable de se soucier des inégalités économiques, et en particulier de faire en sorte que la mondialisation en cours ne les aggrave pas, mais contribue au contraire à les réduire le plus rapidement possible.

On doit considérer trois types d'inégalités économiques. Les inégalités entre pays, mesurées par l'écart des niveaux de vie moyens (PIB par habitant calculé au taux de change de parité de pouvoir d'achat). On les appellera inégalités internationales. Les inégalités internes à chaque pays, dont une mesure simple, parmi bien d'autres, est par exemple l'écart entre les revenus moyens des 10 % les plus riches et des 10 % les plus pauvres dans le pays. (Une autre mesure plus synthétique est le coefficient de Gini des revenus.) L'inégalité « mondiale », où l'on considère la population mondiale comme un tout, et que l'on mesure de la même manière que l'inégalité interne à un pays. Ce dernier type d'inégalité est évidemment la résultante des deux premiers.

L'évolution de ces inégalités depuis une trentaine d'années est contrastée. Les inégalités internationales se réduisent entre les pays les plus riches et certains pays du tiers-monde « émergents », qui sont donc engagés dans un processus de rattrapage. La liste de ces pays s'allonge. Elle comprend maintenant l'Inde et la Chine. Globalement, ce sont donc des milliards d'hommes, et largement plus de la moitié de la population du Sud, qui sont concernés par ce processus de rattrapage des niveaux de vie, soulignons-le, moyens. D'autres pays du tiers-monde, au contraire, s'enfoncent. Loin de rattraper ceux des pays riches, leurs niveaux de vie moyens s'en éloignent, voire dans certains cas diminuent en valeur absolue. Pour eux, les inégalités internationales s'aggravent. Quant aux inégalités internes à chaque pays, elles ont tendance à s'accroître presque partout, tant dans les pays riches que dans les pays pauvres. Résultat de ces deux processus, l'inégalité mondiale, elle, s'accroît. De plus, le nombre absolu des plus pauvres, définis par la Banque mondiale comme ceux qui disposent de moins de 1 dollar de revenu par jour, ne diminue pas. Il est d'environ 1 milliard.

La mondialisation est-elle coupable ?

La mondialisation est-elle responsable de ces évolutions ? C'est un vaste débat. Dans les années 1990, la thèse dominante était que les inégalités croissantes étaient avant tout dues à la révolution des technologies de l'information, dont les bienfaits, au moins initiaux, étaient répartis très inégalement, tant au sein de chaque pays qu'entre pays. J'étais alors un des rares à soutenir la thèse d'une responsabilité première de la mondialisation commerciale et financière dans certaines inégalités, particulièrement les inégalités internes aux pays, riches ou pauvres. Mais je soulignais également qu'elle en réduisait d'autres : les inégalités entre pays riches et émergents. Depuis, les idées ont évolué, en particulier avec le développement des mouvements « antimondialisation libérale ». Mais ces derniers tombent volontiers dans l'excès inverse, en attribuant l'essentiel des maux dont souffre la planète à la mondialisation libérale.

Il faut donc répéter avec force que, si la mondialisation engendre des inégalités et une insécurité du travail croissantes dans la plupart des pays riches et dans nombre de pays pauvres, elle est incontestablement aussi un puissant facteur de rattrapage pour les pays pauvres qui savent en tirer parti. L'ouverture des marchés des pays riches favorise les investissements directs et tire la croissance par les exportations. Les investissements directs apportent technologie et savoir-faire. Les flux financiers complètent l'épargne nationale. Or ce sont aujourd'hui des milliards d'hommes — et non les quelques millions des premiers « tigres et dragons » du Sud-Est asiatique — qui, en moyenne, bénéficient de ce phénomène. La mondialisation est en effet l'un des facteurs de la croissance rapide de l'Inde et de la Chine. Certes, dans ces pays, les inégalités internes s'accroissent dans le même temps. Mais il revient à leurs gouvernements de les combattre par des politiques de redistribution active. C'est parfaitement possible, comme la Corée ou Singapour l'ont montré. Par ailleurs, les pays d'Asie qui connaissent la croissance la plus rapide ne sont pas, et de loin, les plus inégalitaires. Les tristes records en ce domaine sont détenus par des pays latino-américains et africains, où c'est l'extrême inégalité qui entrave la croissance, malgré les opportunités offertes par la globalisation. Leurs gouvernements en sont responsables.

C'est également le cas dans les pays riches. Il est clair en effet que les pays riches, tous soumis au processus de mondialisation, réagissent fort différemment : inégalités salariales croissantes ici (États-Unis, Royaume-Uni), chômage et exclusion là (France, Allemagne), en revanche, maintien, par des méthodes renouvelées, d'une cohésion sociale et d'une solidarité beaucoup plus forte ailleurs (Scandinavie, Pays-Bas). Il existe donc d'importantes marges de manœuvre internes pour s'opposer aux tendances inégalitaires de la mondialisation.

Après le 11 septembre, l'opinion générale en appelle au retour de l'État. Tant mieux si cela contribue à faire avancer la réflexion et la pratique d'une nécessaire régulation des marchés. Mais ne nous dissimulons pas que si les États ne faisaient rien jusqu'ici, ou pas assez, ce n'était certes pas qu'ils ne pouvaient plus rien en raison de la globalisation et de la « dictature des marchés financiers ». C'est très largement parce qu'ils le voulaient bien, préférant plaider l'impuissance que d'affronter des choix politiques difficiles. De ce point de vue, l'insistance quasi obsessionnelle de beaucoup de militants antimondialisation sur le « pouvoir exorbitant des multinationales et des marchés financiers » a corroboré complaisamment la fable de la disparition des États-nations et en conséquence de leur impuissance face à la mondialisation : un soutien paradoxal et inespéré pour ces derniers !

Il ne s'agit cependant pas de nier deux faits :

1) Les pouvoirs de régulation des États n'ont certes pas disparu, mais il est vrai qu'ils se sont dans certains domaines affaiblis. Il faut donc créer ou renforcer des pouvoirs de régulation au niveau international. Ce que reconnaît la thématique, désormais très en vogue, des « biens publics mondiaux » : il y a des questions qui ne peuvent être traitées que par la coopération internationale.

2) Pour certains pays, la mondialisation et les programmes d'ajustement structurels du FMI, qui en sont une des manifestations, loin de constituer une opportunité de développement rapide, les ont enfermés dans des cercles vicieux de sous-développement.

Que faire ?

Voici donc une liste de ce qui pourrait être fait dans ces deux domaines par les gouvernements des pays riches, pour contribuer à réduire les inégalités internationales, les inégalités internes restant à mes yeux, répétons-le, principalement de la responsabilité des États nationaux.

FINANCE GLOBALE

Il est incontestable que les mouvements de capitaux à court terme ont amplifié, sinon déclenché, de nombreuses crises de change aux effets récessifs très profonds dans les pays du Sud ces dernières années. Pour ma part, je ne crois pas que la taxe Tobin soit une mesure adéquate pour lutter contre les mouvements spéculatifs de capitaux. Une taxe de 0,25 %, telle celle proposée par ATTAC, ne les dissuadera en rien de se déplacer pour chercher des gains de 20 à 50 %, ce qu'ils font quand ils spéculent contre une monnaie. La taxe Tobin est donc uniquement une modalité de taxation du capital, parmi bien d'autres envisageables. Il est légitime d'affirmer qu'il faut relever la taxation du capital. Étant désormais très mobile, alors que le travail ne l'est pas, il est en effet de moins en moins taxé. Cela pose des problèmes d'équité et de déséquilibre à terme : les revenus du capital étant très largement à nouveau épargnés et non consommés, on risque des crises de sous-consommation et de suraccumulation à échelle mondiale. Mais la taxe Tobin est certainement l'un des plus mauvais moyens de le faire !

En matière financière, les priorités à mes yeux sont : 1) supprimer les paradis fiscaux, contrôler strictement les places financières offshore et limiter drastiquement le secret bancaire ; 2) instituer, au moins dans les pays riches, des planchers à la taxation des revenus et des plus-values du capital, pour stopper la compétition fiscale par le bas ; 3) renforcer le contrôle prudentiel des banques et l'étendre largement aux banques des pays du Sud, ce qui est le rôle du Comité de Bâle, en collaboration avec les autorités monétaires nationales.

Enfin, les pays émergents doivent tirer pour leur propre compte les leçons des très dures expériences des dix dernières années. D'abord, imposer des règles prudentielles strictes à leur système bancaire, ne pas lui permettre de s'endetter à court terme en devises pour prêter à long terme en monnaie nationale, par exemple. Ensuite, adopter un régime de change souple : pas de changes fixes trop rigides, mais des parités glissantes, non pas à l'égard d'une seule monnaie, le dollar, mais d'un panier représentatif des échanges de marchandises et de capitaux du pays. Autrement dit, ne surtout pas faire ce qu'a fait l'Argentine, qui a tenté de lier irrévocablement sa monnaie au dollar. Ne pas s'interdire de discriminer les capitaux par des instruments économiques, telles des taxes sur les capitaux les plus mobiles, comme l'a fait le Chili, voire recourir en cas de crise au contrôle des changes, comme l'a fait la Malaisie. Enfin, adopter des politiques monétaires et budgétaires stables et prévisibles. C'est certes restreindre la souveraineté nationale en la matière, mais c'est une contrainte inévitable pour un petit pays ouvert aux flux de capitaux étrangers. Nul n'est contraint de faire ce choix d'ouverture, même si le FMI et plus généralement les gouvernements des pays riches s'en sont faits longtemps les avocats très insistants. À chaque pays d'en évaluer les avantages et les inconvénients. Si ces derniers paraissent devoir l'emporter dans leur cas, mieux vaut ne pas s'ouvrir rapidement et largement aux capitaux financiers extérieurs, mais adopter des démarches plus progressives, comme le fait la Chine, par exemple.

COMMERCE MONDIAL

Il y a une évidente contradiction entre réclamer plus de régulation internationale et critiquer l'institution OMC. Ce n'est pas l'OMC en tant que telle qui est critiquable, ce sont éventuellement les accords négociés en son sein. Même Joseph Stiglitz, pourtant acteur éminent de la globalisation des années 1990 (conseiller de Clinton, puis chef économiste de la Banque mondiale), reconnaît aujourd'hui que « la libéralisation [du commerce mondial] a été programmée par les pays occidentaux pour les pays occidentaux ». Il est nécessaire de continuer à négocier dans le cadre de l'OMC, mais il faudrait à mon avis placer en tête de l'agenda les questions suivantes :

— Accroître le nombre de pays du Sud membres de l'OMC, sans pour autant exiger d'eux l'adhésion immédiate et sans transition aux accords antérieurs. L'entrée de la Chine est de ce point de vue une bonne chose. Avec l'Inde, qui en était déjà membre, elle fera entendre une autre voix.

— Faire, comme le demandent nombre de pays du Sud et d'ONG « antimondialisation libérale », un bilan détaillé des conséquences de l'accord précédent.

— Revoir entièrement l'accord ADPIC sur la propriété intellectuelle. Dans le domaine de la santé, en particulier, il conduit à des pratiques inadmissibles. Le traitement des grandes pandémies comme le sida, le paludisme, la fièvre jaune, la dengue, etc. est à l'évidence un « bien public mondial ». On sait qu'un bien public ne peut, par définition, être produit en quantités suffisantes par des firmes privées. Que les intérêts de firmes privées entravent le moins du monde la possibilité de s'attaquer vraiment au sida en Afrique est légitimement perçu comme un scandale, même s'il est bien évident que le problème est loin de se réduire à la disponibilité de médicaments à très bas coût.

— Programmer, pour tenir compte des problèmes d'adaptation que cela peut poser dans les pays riches, une ouverture plus large et rapide des marchés de ces pays aux exportations des produits manufacturés des pays pauvres. En revanche, je pense que les pays riches, comme les autres, devraient conserver le droit à une certaine protection de leur agriculture, car ce secteur engendre des « externalités positives » telles que même les théoriciens libéraux admettent que l'ouverture totale n'est pas nécessairement une bonne chose. Mais ce qui doit être absolument supprimé, ce sont les subventions aux exportations des excédents des agricultures riches, qui tuent les agricultures vivrières du Sud, base indispensable de son développement.

AIDE PUBLIQUE AU DÉVELOPPEMENT

Ce qui précède, combiné, on ne le répétera jamais assez, à des politiques nationales adéquates, devrait accélérer le rattrapage des pays déjà engagés dans ce processus. Mais cela ne suffira pas à sortir de la trappe du sous-développement ceux qui y sont enfermés. Une augmentation très importante de l'aide publique au développement est donc indispensable. Or elle a tendance à diminuer. Il y a trois décennies, les pays riches s'étaient engagés à la porter à 0,7 % de leur PIB, certains avaient même parlé de 1 %. Elle est aujourd'hui de 0,24 % (0,31 % pour la France, 0,1 % pour les États-Unis). Cependant 1 %, disons-le clairement, pour les pays riches, ce n'est rien. Si leur croissance moyenne est de 3 % par an, donner 1 % tous les ans en partant de 0 c'est se priver, une seule fois et une fois pour toutes, de 4 mois de croissance ! On pourrait organiser chaque année, pendant 4 ans, un « mois du développement » où toute la croissance des revenus pendant ce mois serait affectée à l'aide publique (un mois de croissance zéro, donc, où les revenus dans tous les pays riches n'augmenteraient pas, mais ne diminueraient pas non plus), et ce serait fait ! Vraiment, ce n'est pas grand-chose.

Le problème, c'est que l'opinion publique des pays riches est largement convaincue, et non sans raisons, que l'aide passée n'a servi à rien, qu'elle a bénéficié à des entreprises des pays riches fournissant des biens et services à l'utilité contestable, qu'elle a été « privatisée » et se retrouve en partie sur les comptes en Suisse de dirigeants corrompus, et qu'elle a très peu bénéficié aux pauvres. D'où, parallèlement, un soutien financier aux ONG vouées au développement, qui lui ne faiblit pas, car elles sont perçues comme faisant œuvre plus utile. Quelles que soient les formes que pourrait prendre une augmentation de l'aide publique, parmi lesquelles l'annulation de la dette des pays les plus pauvres, il est clair qu'il faut trouver les moyens d'améliorer son efficacité. Faute de quoi, on n'obtiendra pas de consensus pour l'augmenter.

Il faut donc aussi qu'elle soit conditionnelle à certains résultats. La tendance actuelle est de la conditionner à des « progrès » en matière de démocratie politique. Or il est évident que la démocratie ne s'impose jamais de l'extérieur. Participant concrètement à la définition et à la mise en œuvre de programmes de développement en Afrique, je serai pour ma part plus modeste et peut-être plus réaliste. C'est certainement aujourd'hui dans le tiers-monde que le besoin d'État se fait le plus sentir. Il n'est pas en effet d'exemple de développement rapide sans État fort et sans élites « nationales ». Je pense donc que les conditionnalités doivent tourner autour de la consolidation d'une part d'appareils d'État efficaces, par le renforcement d'une classe de fonctionnaires compétents et relativement intègres, et d'autre part d'ONG nationales spécialisées, relayant les ONG internationales qui prennent aujourd'hui une part croissante dans l'exécution des programmes. Cela suppose que les programmes soient longuement et réellement négociés avec les administrations publiques et ces ONG, que dans ce processus on soit capable de distinguer et de faire « monter » une nouvelle génération de cadres, que les moyens leur soient donnés de gérer les programmes et de se former pour cela, bref de faire du transfert de technologie étatique et civile, en respectant les singularités nationales qu'eux seuls peuvent définir.

Une large fraction de l'opinion publique des pays riches se sent aujourd'hui, non pas coupable, mais confusément responsable. Elle semble découvrir l'extrême inégalité du monde. Même si elle se trompe ainsi sur les causes et objectifs véritables de la politique terroriste, cette prise de conscience ne saurait être néfaste. Il y a en effet beaucoup à faire pour réduire les inégalités économiques, mais rien d'impossible : faisons-le.

Quel retour de l'État ?

Par PIERRE DOCKÈS

Parler d'un retour de l'État n'a guère de sens si l'on ne précise pas de quel État il s'agit. Partant de sa construction en plusieurs « strates », nous observons que la strate « supérieure », l'État organisateur de l'économie et de la société, a été disloquée et que son retour n'est pas à l'ordre du jour, que les strates intermédiaires, celles qui correspondent à « l'ordre contractuel » et aux interventions qui le soutiennent dans les cas d'exception, chocs ou crises, reviennent en s'adaptant et cherchent à se mondialiser. Surtout, la strate primordiale qui concerne l'ordre public risque d'être fortement réactivée.

Il me semble impossible de réfléchir sur un éventuel retour de l'État sans faire intervenir l'Histoire. L'État s'est en effet construit par des strates successives — un peu comme le cerveau humain, depuis le « cerveau reptilien » des origines jusqu'au cortex. Et si telle strate récente peut devenir inactive, certaines couches peuvent se réactiver.

Les quatre strates de l'État

L'État est né dans la violence, pour l'administration de la violence et contre la violence. Le chef qui mène au combat ou au pillage les bandes d'hommes jeunes autrement sans coordination en est une des figures.

L'ancêtre, le *paterfamilias* à l'échelle de cette famille élargie qu'est la *gens*, en est une autre. La formation de la cité dans le cadre de ces sociétés gentilices conduit à l'assemblée des « pères de famille » et à la désignation d'un « primus inter pares » pour gérer les conflits, s'organiser face à l'étranger. Le sacré vient « couronner » et sanctifier le garant du retour des saisons et de l'abondance des récoltes. Et la réalité vient juxtaposer ces figures diverses que les anciens mythes nous permettent de retrouver. Sur ces bases paléo-étatiques, quatre strates vont constituer les fonctions de l'État depuis sa réémergence à partir du XIVe siècle jusqu'à nos jours, des strates non point séparées, mais interactives.

La première strate, directement issue des formes diverses de paléo-État, correspond à la défense de l'ordre public, à la fois face à l'extérieur et à l'intérieur, un ordre administratif, militaire, autoritaire et paternaliste. S'il implique l'administration de la justice, une réglementation sociale et économique, c'est en vue de l'ordre public. Si la justice est présente, c'est au service de l'ordre public et l'arbitraire n'est pas considéré comme un mal en soi, seulement dans la mesure où le sentiment d'injustice peut le troubler. De même, l'administration de l'économie n'est nullement envisagée en termes de bonheur individuel, mais l'ordre social existant doit être préservé et pour cela il faut une « police des marchés », une « police des grains », l'administration des rapports entre maîtres et serviteurs.

La deuxième strate, depuis le milieu du XVIIe siècle en Angleterre, correspond à l'établissement de l'ordre contractuel, à la défense de la propriété et des contrats, à la mise en place des institutions politiques et marchandes adaptées. Naturellement, ils étaient défendus antérieurement, mais en relation à la défense de l'ordre public. Désormais l'ordre public s'impose pour défendre les pactes. Thomas Hobbes, plus que quiconque, opère cette révolution. Qu'il ait eu comme visée la défense de l'ordre public et qu'il ait abouti à préconiser une autorité de type absolutiste est caractéristique des grandes pensées qui changent le monde en restant « enchâssées » dans le monde ancien. Mais, sur ces bases, Locke, Montesquieu et les Lumières fondent l'ordre libéral. Au-delà de l'établissement d'un système de propriété privée aussi vaste que possible et de la garantie des contrats, l'État se doit de mettre en place les institutions qui permettent l'efficacité des marchés concurrentiels, d'offrir une monnaie et de garantir sa stabilité.

Notons qu'alors, au risque de l'État prédateur s'ajoute celui de l'État opportuniste qui, s'il garde et donne force aux contrats, peut être tenté de se ranger d'un côté. D'où l'esquisse d'une solution par Locke et Montesquieu (la division des pouvoirs) et la critique de Marx : l'État complice du capital.

La troisième couche étatique suppose l'intervention sur l'ordre économique dans des situations exceptionnelles.

Il s'agit d'abord de pallier les échecs de la coordination, les failles du marché. Léon Walras qui parachève l'analyse du deuxième niveau est aussi le premier à théoriser ce recours à l'État chaque fois que la libre concurrence indéfinie n'est pas possible ou inefficiente. L'analyse néoclassique, celle de Barone, Sidgwick, Marshall, Pigou, Samuelson, Buchanam et Allais, a livré la rationalité de ce type d'intervention. Lorsque l'on est en présence d'un bien collectif pur (dont tout un chacun peut jouir sans nuire à la consommation des autres, disons un phare ou un rempart), lorsque existent des rendements croissants ou des barrières à l'entrée, que des effets de réseau constituent un monopole naturel (un réseau de voies ferrées), lorsque l'on est en présence d'externalités (ce qui, d'ailleurs, permet de rendre compte des autres « exceptions » comme des biens « tutélaires » dont l'État devrait contrôler la production et l'usage : l'éducation ou le tabac), alors le recours à l'État peut s'imposer pour rétablir des conditions concurrentielles, pour produire et distribuer (services publics), pour contrôler les monopoles, pour réglementer ou réguler.

L'intervention de l'État s'impose encore lorsqu'il y a une crise, crise financière, choc exogène dont les conséquences risquent d'être systémiques, faillites d'entreprises importantes mettant en péril l'emploi d'une région ou l'équilibre du « tissu industriel ». On reste dans le cadre de l'État infirmier : la norme, c'est le fonctionnement par la libre initiative des individus, mais dans la mesure où ça ne marche pas, alors l'État est là, en recours.

Une demande d'État de même nature se développe, en l'absence de choc majeur, du fait des secteurs en régression, des entreprises en difficulté, des groupes professionnels et sociaux qui estiment avoir subi une perte. Il est d'ailleurs banal de constater que, parfois, ceux qui se veulent les plus antiétatistes sont les premiers à demander l'intervention de l'État. Plus généralement, ce que recherchent les entreprises, ce n'est pas la concurrence qui érode les profits, mais le privilège et l'obtention d'un monopole qui crée une rente. Fernand Braudel écrivait dans *La Dynamique du capitalisme* : « Le capitalisme [...] s'appuie toujours, obstinément, sur des monopoles de droit ou de fait [...]. L'organisation, comme l'on dit aujourd'hui, continue à tourner le marché. Mais on a tort de considérer que c'est là un fait vraiment nouveau. » D'où l'appel à l'État, dans des situations légitimes (la protection d'une invention par un brevet) ou qui le sont moins (jusqu'à l'obtention par un groupe de pression politique d'un avantage ou d'un privilège ou la pure et simple concussion).

La quatrième strate est celle de l'organisation par l'État d'un ordre économique et social estimé supérieur en termes d'équité ou d'efficacité statique ou dynamique. On passe de l'idée d'une intervention d'exception à la mise en œuvre d'un ordre nouveau, durable, estimé supérieur. On entre dans le vaste domaine de « l'ingénierie » économique et sociale qui va du réformisme social-démocrate au planisme, de l'organisation de type fasciste aux solutions de type communiste. C'est cet aspect de *Taxis* et non plus de *Cosmos*, c'est-à-dire d'organisation voulue, délibérée par opposition à l'ordre spontané que rejette F. Hayek dans *Law, Legislation and Liberty* (vol. 1, *Rules and Order*). Avec le « dirigisme » ou l'« économie mixte », on est en présence d'une volonté de modifier la distribution des patrimoines ou la répartition des revenus, de mettre en œuvre une politique industrielle, de la recherche publique, d'orientation de l'investissement privé et de l'investissement public, d'organisation de la croissance par la planification ou par des politiques de régulation économique. À la myopie des agents privés, à l'imperfection des marchés et à la fragilité de la rationalité privée s'opposent la croyance en la rationalité étatique, l'organisation de l'économie sous la houlette de l'État. Allaient dans ce sens le planisme d'un Henri De Man, le dirigisme, Keynes et les post-keynésiens, l'économie mixte et le marxisme des années 1960 ou 1970 (celui du capitalisme monopoliste d'État ; en revanche, dans l'entre-deux-guerres, les marxistes s'opposent au planisme qui viendrait conforter le capitalisme). L'intervention de l'État n'est plus exceptionnelle mais fondamentale, et le rôle des marchés est résiduel.

L'ordre contractuel mondial et ses béquilles interventionnistes

La quatrième strate s'est effondrée : à tort ou à raison, la rationalité de l'État organisateur de la vie économique et sociale est aujourd'hui largement considérée comme inférieure à la rationalité individuelle coordonnée par le marché (aux « exceptions » près). Sans doute, l'effondrement de l'économie soviétique, cette expérience extrême, n'est pas probante du fait de son extrémisme, même si elle est un aspect de l'effondrement général. Mais qui se souvient des prophéties sur la « convergence des systèmes » capitaliste et communiste vers une économie mixte éclectique ? Dans ce nouveau paradigme, il est convenu que l'État n'a plus à produire lorsque l'initiative privée est efficiente. Les privatisations se sont généralisées, le secteur public anglais, les acquis du travaillisme, ont été abattus par Margaret Thatcher et ses conseillers, le système réglementaire américain qui avait connu un nouvel apogée sous la présidence Johnson s'est effondré sous les coups de la déréglementation reaganienne, la régulation keynésienne a laissé place à des politiques monétaristes, partout l'idéal redistributeur de type welfariste a reculé, le droit social, qui se voulait protecteur des intérêts des salariés, recule aussi, pas à pas.

Pourquoi cet effondrement ? On est ici au niveau de la « tectonique des plaques », un mouvement puissant de transformation du capitalisme. À un siècle de montée du « capitalisme organisé » a succédé le temps du néocapitalisme, transnationalisé, libéral et marchand, appuyé sur de nouvelles technologies et une nouvelle organisation de l'entreprise, dominé par ce que l'on peut nommer un « métacapitalisme » financier « global ». Un système instable, procyclique, puisqu'il n'existe pas de modalités régulatrices « globales » en dehors de la politique de l'État-nation américain, un système profondément inégalitaire à l'échelle de chaque pays et à l'échelle de la planète, mais un système puissant, dynamique. Face à lui, l'organisation de l'économie et de la société dans le cadre de la nation par l'État est impuissante et ce qui subsiste des politiques régulatrices s'est mis à son service, jouant le jeu de la compétition à l'échelle transnationale.

Si la troisième strate étatique, celle qui constitue les « béquilles » de l'ordre contractuel, n'a jamais été remise en cause, si les dépenses publiques de son fait se sont même accrues depuis 1985 (pour l'ensemble des trente pays de l'OCDE, la part des prélèvements obligatoires dans le PIB s'est accrue de 3,5 points entre 1985 et 1999, et de 2,8 pour les États-Unis), en revanche elle modifie son mode opératoire et tend à se mondialiser.

Son premier volet, la dimension « allocative », disons les cas de *market failures*, s'est adapté. Il a dû le faire, d'abord, parce qu'il n'est plus dans l'ambiance antérieure d'organisation de l'économie par l'État. Le traitement de situations où l'on se trouve en présence d'externalités n'est pas le même lorsque l'ambiance privilégie la rationalité des marchés ou lorsqu'elle suppose l'efficience de l'organisation étatique. En second lieu, le développement de la théorie des *property rights* vers la théorie des asymétries informationnelles a rendu possibles de nouvelles situations : les cas où le recours à l'État semblait nécessaire se sont réduits comme peau de chagrin. Dès lors, les services publics « à la française » laissent la place au système des *public utilities* à l'américaine avec régulateur, les monopoles naturels ont été dépassés ou dépouillés par la filiarisation de tout ce qui ne l'était pas (le réseau restant monopole, les flux étant privatisés). Coase a montré que la solution pigovienne face aux externalités négatives sur l'environnement (les pollueurs sont les payeurs de taxes spécifiques) pouvait être remplacée par un système marchand de droits à polluer. Le système s'adapte donc ; il a pris une certaine distance avec l'administration directe par l'État, mais il est toujours aussi présent : les régulateurs restent nécessaires, même s'ils ne sont plus de simples démembrements de l'État, on recherche des agences de certification, nombre de banques centrales sont devenues indépendantes, mais on est loin de revenir au *free banking*, les biens « tutélaires » sont redéfinis, mais, l'un dans l'autre, leur domaine ne se réduit pas.

En ce qui concerne le second volet, l'intervention, en cas de choc exogène, de risque de crise systémique, les articles récents sur le retour de l'État ne doivent pas nous leurrer : dans ce rôle, l'État n'a jamais reculé (en 1987, lors du krach, les grandes banques centrales avaient massivement reflaté et de même au début des années 1990) et s'il revient en force actuellement, c'est simplement parce que la crise est là.

Face à la crise financière, depuis l'automne 2000, à la réalité de la récession après les attentats du 11 septembre, la Federal Reserve est intervenue en baissant fortement son taux au jour le jour : en moins d'un an, il est tombé de 6,5 à 1,5 %. Dans les jours qui ont suivi l'attentat, pour éviter la crise de liquidité, la banque centrale américaine a injecté quelque 300 milliards de dollars à l'économie.

Au printemps 2001, un programme de baisse des impôts considérable (principalement ciblé vers les grandes firmes et les classes aisées) avait été adopté indépendamment des menaces de récession. Depuis, ces baisses d'impôts ont été réinterprétées en fonction de l'objectif de relance et, à ce titre, se sont accrues d'une réduction des impôts sur les bénéfices des sociétés, de crédits d'impôt, d'un amortissement accéléré des équipements informatiques visant à faire repartir l'investissement.

Si les républicains sont davantage tournés vers la baisse des impôts et une politique de l'offre au profit des entreprises, les démocrates sont plus sceptiques (dix-huit mois de délai sont nécessaires pour que les baisses d'impôts fassent sentir leurs effets sur la conjoncture et l'épargne sera davantage encouragée que la dépense) et prônent la hausse des dépenses. Mais, finalement, le gouvernement les suit partiellement. Le Congrès a voté un premier plan de relance de 55 milliards de dollars et, depuis les attentats du 11 septembre, il l'a complété par un plan de 75 milliards de dollars. La relance des dépenses atteindra 120 milliards de dollars pour 2002. Ces sommes comprennent 40 milliards pour New York, de nouvelles dépenses pour la protection des infrastructures et pour la lutte contre le terrorisme. S'affirme également la volonté d'aider certains secteurs touchés par l'attentat : les compagnies aériennes (déjà 18 milliards de dollars), le tourisme et les assurances. Le gouvernement promet en outre d'aider les « nouveaux » chômeurs, de revaloriser l'indemnité-chômage, d'accroître le salaire minimum, si bien que le plan de relance pourrait atteindre 200 milliards. La baisse des ressources (voulues ou imposées par la récession) venant ajouter ses effets à l'accroissement des dépenses, l'excédent budgétaire (236 milliards de dollars en 2000) devrait être ramené à 110 milliards en 2001 et on retrouvera un déficit en 2002 (entre 50 et 100 milliards de dollars).

Les autres pays réagissent dans le même sens, avec une ampleur variable. Ainsi en France, par exemple, aux baisses d'impôts antérieurement décidées (40 milliards de francs), s'ajoute dès le début d'octobre de cette année un modeste plan de relance comprenant une seconde prime pour l'emploi, des mesures de soutien de l'emploi, des mesures concernant les secteurs affectés. Le déficit de 2001 devrait s'élever à 218 milliards, donc au-delà de l'effet de stabilisation automatique. Il faut ajouter quelques mesures pour relancer l'investissement, une aide pour les jeunes entreprises technologiques, les biotechnologies, la division par 8 du prix et la révision des conditions d'attribution des licences UMTS. Si l'on ajoute que la plupart des pays européens envisagent de laisser jouer les stabilisateurs automatiques, voire d'y ajouter un coup de pouce dépensier, que le Japon en déflation accentue ses efforts de reflation, ne peut-on parler de nouveaux New Deal ? Je ne le pense pas.

Les New Deal des présidences de Roosevelt mettaient en place des réformes structurelles et réglementaristes d'ampleur et préludaient à l'État-organisateur de l'économie. Ce qui se passe aujourd'hui n'est pas comparable ; tout au contraire, on est en présence d'un retour à « l'ordre contractuel » et, dans la crise, aux mesures classiques interventionnistes. On assiste aussi à la mondialisation de l'ordre contractuel, des institutions et des règles nouvelles s'imposant à cette échelle — pensons à l'OMC et à son Organe de règlement des différends (ORD). Elle devrait s'amplifier par des institutions juridiques faisant respecter les règles de la concurrence, un droit social et un droit de l'environnement minimal.

On peut résumer les choses en disant que la quatrième strate, l'organisation par l'État de l'économie et de la société, s'est effondrée tandis que, dans son rôle d'intervention « exceptionnelle », l'État revient dans la crise, en s'adaptant, tandis que s'accomplit sous nos yeux la « globalisation » de l'ordre contractuel, de ses règles, et des politiques allocatives ou interventionnistes qui l'étayent.

L'ordre public est-il l'ordre du jour ?

Cependant, Léviathan est toujours là : sous les couches sophistiquées, le cerveau reptilien de l'État reste tapi, ce niveau primordial qui sous-tend le maintien de l'ordre public et s'est construit sur les bases du paléo-État. L'objectif d'ordre public a toujours été dominant au niveau des relations internationales, malgré « le doux commerce ». Même dans la paix, il laisse entrevoir le recours à la guerre comme un aboutissement possible de la politique, voire de la concurrence, et il continue de veiller sur les relations intranationales dans la mesure où il détient le monopole de la violence légitime (Max Weber). Mais je ne vise pas ici le rôle normal de l'État lorsque la loi n'est pas respectée et pour veiller aux obligations contractuelles. Je vise les « retours de flamme » de l'État dans les situations extrêmes de crise. Dans ces situations, le politique surdétermine l'économie et des décisions qui, la veille, étaient impensables sont prises dans l'urgence. Et le temps de l'arbitraire risque de revenir.

On n'en est pas là, mais déjà aux États-Unis comme en Europe, certains aspects de libertés publiques sont mis en question : contrôle des déplacements des hommes et des informations, depuis l'ouverture des coffres des voitures, ce qui est certes véniel, ou les « conseils » à la presse jusqu'à l'emprise accrue sur l'Internet ou le fichage génétique, ce qui l'est déjà beaucoup moins. Après le 11 septembre, sans consultation du Congrès, on a vu le gouvernement américain mettre en place avec le *Patriot Act* des mesures comme la détention pendant un temps illimité des étrangers suspectés, l'autorisation de l'écoute des conversations privées entre les prisonniers et leurs avocats, la mise en place des tribunaux militaires d'exception pour les étrangers. Rappelons-nous : la guerre froide avait rendu possible le maccarthysme aux États-Unis, comme les attentats anarchistes avaient jadis provoqué l'adoption des « lois scélérates », sans parler de l'arbitraire, y compris le recours à la torture et à l'assassinat, que la guerre d'Algérie avait déclenché. Aujourd'hui, face au terrorisme transnational, ne va-t-on pas assister à une transnationalisation de l'ordre public ? Avec le risque que ces contrôles ne mettent du sable dans les relations transfrontalières, n'imposent un accroissement des coûts de transaction, une sorte de « taxe » sur les déplacements des hommes qui réduirait les échanges mondiaux.

Si les « populations dangereuses » sont pensées à l'échelle planétaire, la répression ne va-t-elle pas s'organiser à ce niveau ? Une mondialisation de l'ordre public au détriment des échanges mondiaux ? Depuis quelques années, on voit monter cette tendance à la « transnationalisation » policière (le « droit d'ingérence » ou la compétence universelle des tribunaux). Elle devrait se développer, mais sans que l'on puisse parler d'une mondialisation. Les États-nations resteront les « briques » essentielles d'un ordre public planétaire : ce sont eux qui détiennent les moyens de la « violence légitime » et un « système des États » comme celui de l'Europe au XIXe siècle est d'actualité.

Si, demain, le terrorisme de masse peut utiliser des avions « crashés » sur les centrales nucléaires ou la guerre bactériologique, ne retrouverait-on pas l'emprise sécuritaire absolue et le « territoire de la peste », l'espace quadrillé, avec ses quarantaines, les déplacements des hommes interdits et cela à l'échelle planétaire ? Pour faire face à la variole, à la peste, aux virus Ebola ou de Marburg, le recours aux antibiotiques et aux vaccins serait insuffisant et il faudrait recourir aux restrictions des mouvements de population, quelles que soient les conséquences sociales et économiques de ces mesures. Et il est d'autres épidémies, des épidémies morales, celle de la panique, qui poussent à des mesures extrêmes : le temps où les États-Unis enfermèrent dans des camps la population d'origine japonaise n'est pas si lointain, ni celui où la France faisait subir, « au faciès », des contrôles et des exactions à la population d'origine maghrébine. Un risque de dérapage d'autant moins improbable qu'aujourd'hui, face à une insécurité d'ampleur modeste, l'enfermement revient pour les vagabonds, « les prolétaires sans feu ni lieu ».

À côté de ces contrôles « dramatiques », certains pourraient s'avérer positifs. En effet, le contrôle de capitaux transnationaux est à l'ordre du jour pour lutter contre le financement des terroristes. On peut constater l'impuissance actuelle des autorités face au blanchiment de l'argent sale et au financement du terrorisme. Il n'est pas impossible qu'une volonté de plus grande transparence s'impose en la matière, le politique dictant sa loi à l'économique, et on peut se demander si la taxe Tobin ne serait pas un moyen de s'en rapprocher. Malgré ses avantages supposés (réduire la volatilité des flux de capitaux) ou avérés (l'accroissement de l'aide au développement), cette taxe est généralement estimée impossible à mettre en place dans la mesure où trop de pays — sans même parler des places offshore, ou des États « de complaisance » — s'y refuseraient (d'autant que se joue ici un dilemme du prisonnier) et où les grandes puissances financières n'estiment pas nécessaire de la leur imposer (ce qui, pourtant, serait parfaitement réalisable). Or un moyen classique de rendre plus transparentes les transactions est le recours à la fiscalité (c'est d'ailleurs une des craintes des milieux financiers face à la taxe Tobin), même si ce serait encore insuffisant dans la mesure où pourraient toujours intervenir les sociétés-écrans ou les *trustees*. Mais la transparence étant devenue une motivation d'ordre public planétaire, les grandes puissances pourraient imposer cette taxe. On dira qu'il est improbable qu'elles s'y résolvent tant les intérêts financiers en jeu sont importants, mais ne pourrait-on prendre au mot les « grands décideurs » : « Vous vous dites disposés à assurer plus de transparence des flux transnationaux de capitaux, alors pourquoi pas une taxe mondiale sur ces flux qui irait dans cette direction salutaire et qui serait levée par un "trésor public mondial" ? » Quitte à intégrer de la surveillance planétaire, autant qu'elle aille vers plus d'éthique et de bien-être.

Une demande de régulation : terrorisme et globalisation

Par CHARLES-ALBERT MICHALET

L'émotion provoquée par les événements du 11 septembre fait apparaître une demande de régulation. Non seulement un retour à l'ordre par l'éradication du terrorisme, mais aussi une demande plus vague, plus profonde, celle de la régulation de la globalisation. Car il existe dans les caractéristiques de la « nouvelle guerre » et celles de la globalisation économique un socle commun : la désuétude de la notion d'État-nation, issue du siècle des Lumières. Ce malaise dans la globalisation révélé avec plus de force par le 11 septembre conduit à tenter de définir de nouveaux territoires, dans le renouveau de l'intégration régionale comme dans celui du district industriel. Il conduit aussi à rechercher l'émergence de nouveaux contre-pouvoirs dans de nouvelles procédures de régulation du marché oligopolistique mondial par des agences spécialisées qui s'efforceraient de corriger les market failures *et les effets de domination.*

Au-delà de l'émotion, l'écroulement presque simultané des Twin Towers à New York et d'une partie des bâtiments du Pentagone à Washington DC, c'est un peu comme si un autre mur de Berlin avait cédé.

Un mur qui retenait depuis une vingtaine d'années des idées, des interrogations, des angoisses surtout. Elles avaient été étouffées par l'hégémonie de la « pensée unique », celle du « consensus de Washington ». Hégémonie issue du triomphe de la « révolution conservatrice » des années 1980, initiée par l'arrivée au pouvoir de Mme Thatcher, bientôt renforcée par l'élection à la présidence de Ronald Reagan, confirmée, enfin, par l'effondrement du « bloc socialiste ».

Il est vrai que depuis les manifestations antimondialistes de Seattle en septembre 1999 jusqu'à celles de Gênes, un changement dans l'air du temps était perceptible. Cette année, Porto Alegre a nargué Davos — cette petite station de ski suisse où, désormais, la grand-messe de la globalisation ne sera plus célébrée.

Il n'est évidemment pas question de confondre les attentats terroristes avec le mouvement antimondialisation ; comme il est erroné de confondre l'intégrisme islamiste avec l'islam. Cependant, cette série de chocs semble inaugurer une phase de contestation du dogme néolibéral et l'apparition de ce qui peut être désigné comme une demande de régulation.

Il serait exagéré de penser que cette demande de régulation veut la restauration des États contre les marchés et le retour des idées de J.M. Keynes, l'ennemi n° 1 des *Chicago boys*. Et ce, pour deux raisons au moins. D'abord, parce que le ralentissement de la croissance qui a déclenché des programmes économiques de relance publique n'a pas été le résultat des événements du 11 septembre 2001. Ensuite, parce que les mesures de sauvetage d'un nombre limité de secteurs sinistrés — transports aériens, tourisme, assurances —, bien que financées sur fonds publics, ne peuvent être interprétées comme un retournement de la politique économique américaine. L'État fédéral américain a fait ce que font aussi la plupart des gouvernements pour pallier les conséquences de désastres naturels.

Au-delà de l'anecdotique et du conjoncturel, l'émergence d'une demande de régulation traduit donc avant tout une préoccupation de long terme. Elle est une prise de conscience, encore floue, des dangers de la globalisation. En premier lieu, c'est la découverte, concrète, que les facilités offertes par la globalisation financière pour la circulation instantanée et anonyme des capitaux à l'échelle mondiale pouvaient être utilisées, non seulement pour monter des opérations spéculatives « juteuses » ou pour blanchir l'argent sale, mais, aussi, pour financer des opérations terroristes. D'où une relance du GAFI, dont les moyens sont notoirement insuffisants, et plus de considération pour l'idée de la taxe Tobin. En second lieu, la demande de régulation est aussi une demande de loi et d'ordre. Les crimes ne peuvent rester impunis ; il faut châtier les coupables. D'où le retour d'un thème central du western avec les exhortations du président-shérif W. Bush : « Je le veux mort ou vif. »

La demande de régulation est donc plus qu'un regain de faveur de la reréglementation, après les grandes mutations libérales des années 1980 et 1990, ou le retour de l'État justicier sur fond de mobilisation patriotique. Elle désigne confusément quelque chose de plus profond : le sentiment qu'il existe une base commune dans la nature des attentats terroristes et dans les caractéristiques de la globalisation. Selon une interprétation schématique, que nous savons très discutable, les attentats de septembre seraient l'expression d'une nouvelle forme de guerre et la globalisation une modalité nouvelle de la guerre économique. Dans les deux cas, ce qui est en cause, c'est la fin de la pertinence du concept traditionnel d'État-nation. En conséquence, la réponse à la demande de régulation de la globalisation pourrait contribuer du même coup à l'éradication de la nouvelle guerre terroriste.

Avant d'aller plus loin dans l'analyse, nous tenons à souligner que les deux phénomènes ne peuvent évidemment être mis sur un même pied. Il est clair, pour nous, que même pour ceux qui sont persuadés de « l'horreur économique » de la globalisation, celle des attentats sanglants de septembre ne peut lui être assimilée.

Globalisation et terrorisme

Le concept d'État-nation est issu du siècle des Lumières. Il n'est pas tombé du ciel, mais il est ancré dans l'Histoire. Dans sa conférence de 1882, Ernest Renan a bien analysé ses caractéristiques, dont nous retiendrons avant tout la nécessité d'une cohérence entre un gouvernement, un peuple et un territoire. Cependant, les temps ont changé. Aujourd'hui, ni la guerre terroriste ni la guerre économique ne se soucient des États ou des nations. Bien entendu, les États-nations n'ont pas disparu, mais ils sont dépassés par la dynamique de la globalisation. Les événements de septembre ont pu servir à accélérer la prise de conscience d'une double vacuité : celle du pouvoir d'État et celle du territoire national.

L'ÉTAT INTROUVABLE

Aucun État n'a déclaré la guerre aux États-Unis. Le parallèle avec Pearl Harbor est erroné. Même si l'agresseur avait voulu surprendre en attaquant sans déclaration de guerre préalable, son identité ne faisait aucun doute ; les « zéros » affichaient le drapeau japonais sur leurs ailes.

Rien de tel dans le cas des attentats de septembre. Ils n'ont toujours pas été revendiqués. En outre, l'instigateur présumé est un chef de guerre apatride, supposé réfugié en Afghanistan et entouré d'une armée de mercenaires de nationalités diverses. En revanche, les attentats ont renforcé apparemment le nationalisme du peuple américain. Son gouvernement s'est immédiatement déclaré prêt à assurer le maintien de la loi et de l'ordre au niveau mondial. Néanmoins, l'instauration de la *pax americana* ne date pas de septembre 2001, même si l'effort de concertation avec les gouvernements alliés et l'acceptation, au moins tacite, des autres — y compris le Conseil de sécurité — semblent avoir été plus forts. En outre, la défense — comme la justice — est une fonction régalienne. Seul l'État a le droit d'utiliser les instruments de la violence coercitive. Il reste à savoir contre qui et contre quoi. Il est à noter également que le recours aux thèses du « choc des civilisations », qui a été fait dans les tout premiers jours qui ont suivi les attentats, implique la reconnaissance que le niveau du politique, celui des États, est devenu subsidiaire.

La régulation de la globalisation ne repose plus sur les États, mais sur les mécanismes du marché. En rupture avec la configuration mise en place à Bretton Woods qui se fondait intégralement sur une coopération intergouvernementale. À partir du 15 août 1971, avec la décision unilatérale du président Nixon d'abandonner le système de l'étalon de change-or, puis avec le grand mouvement de libéralisation, de privatisation, et d'antikeynésianisme des années 1980, le pouvoir économique des gouvernements a été sensiblement affaibli. Comme il n'existe pas d'État mondial supranational, la *governance* de la globalisation dépend du fonctionnement des marchés oligopolistiques, instable par nature. C'est-à-dire, en fin de compte, qu'elle est tributaire des choix stratégiques d'un petit nombre de grands groupes industriels et financiers

— ceux qui « font le marché ». La nationalité de ces groupes est de plus en plus difficile à identifier. Ils produisent dans plusieurs pays, parfois ils ne produisent plus dans leur pays d'origine ; ils sont cotés sur plusieurs places financières ; leur actionnariat et leur management sont multinationaux ; le centre de décision est parfois localisé hors du pays d'origine. De ce point de vue la récente naissance de Renault-Nissan est exemplaire.

LA NATION DÉBORDÉE

Dans la guerre terroriste, il n'y a pas d'enjeu territorial. En septembre, le territoire des États-Unis n'a pas été envahi. Les terroristes ne cherchent pas à élargir leurs territoires en modifiant les frontières. Or, dans la conception traditionnelle de l'État-nation, les frontières ont été le résultat de guerres, de traités, d'occupations, d'assimilation, de colonisation. Rien de tel dans la nouvelle guerre, il n'y a pas de conquête territoriale, plutôt une conquête des esprits.

En revanche, l'espace national est infiltré. Les réseaux se sont substitués aux bataillons, aux tanks, aux bombardements, aux troupes d'occupation... La présence de l'ennemi est devenue invisible. Cette stratégie est devenue plus facile à mettre en œuvre. En effet, les frontières des anciennes nations se diluent dans des regroupements régionaux où la circulation des hommes, des capitaux et des biens est libre. Les moyens de déplacement sont rapides ; les télécommunications instantanées. Les anciens citoyens sont devenus de simples résidents. Ils ne partagent plus la même langue, la même culture, la même histoire. La conscription a disparu. Le temps des soldats de Valmy est définitivement révolu. La nouvelle armée de métier sera vraisemblablement constituée de réseaux d'espions aidés de commandos professionnels.

Dans la globalisation, la guerre économique entre les firmes se fait principalement par des raids éclairs sur les concurrents, souvent par des OPA hostiles. Les fusions-acquisitions l'emportent sur la croissance interne. Les changements de droits de propriété donnent naissance à un marché des actifs industriels. Les échanges y sont commandés par la création de valeur qui apparaît au niveau des profits consolidés du groupe multinational. L'investissement productif est devenu subalterne. La « firme-réseau » ne produit plus dans son pays d'origine ; elle externalise un nombre croissant de ses fonctions qui sont délocalisées. La politique industrielle se confond de plus en plus avec la politique d'attractivité : attirer sur les sites du territoire national des firmes étrangères pour tenter de compenser les vides laissés par le départ des firmes nationales.

La globalisation déborde de toutes parts l'espace national, qui perd sa pertinence. Mais elle n'est pas pour autant devenue planétaire et se polarise sur quelques territoires : le petit cercle formé par les économies de la triade en priorité, avec, autour, celui de la nouvelle frontière constitué par une poignée de pays émergents en Asie du Sud-Est, en Amérique latine, en Europe de l'Est. Le reste du monde n'existe que comme fournisseur de produits primaires et de main-d'œuvre bon marché.

Le risque de marginalisation angoisse les exclus potentiels, c'est-à-dire les sédentaires, à faible qualification, qu'ils vivent au centre ou à la périphérie. L'inégalité sociale augmente au sein des pays comme entre les pays. Les États ne sont plus les maîtres des horloges. Le temps universel abstrait l'emporte, celui d'Internet, de la e-économie. La vitesse est la condition de la survie. Tout devient éphémère, à durée limitée, un job comme une liaison amoureuse. Avec le triomphe de l'économie de marché, certains ont cru pouvoir annoncer la fin de l'Histoire. Elle signifie finalement l'absence de futur.

Il existe un malaise dans la globalisation. Les attentats de septembre plus la récession rampante n'ont fait que l'exacerber. Il nourrit le repli sur soi, sur la famille, sur l'ethnie, sur la région, sur les préférences sexuelles, sur les sectes religieuses. La dimension uniformisante de la globalisation génère l'exubérance des différenciations. L'appartenance nationale est remplacée par le communautarisme.

Dans notre perspective, l'impact des attentats de septembre sur la demande de régulation ne constitue donc que la partie visible de l'iceberg. Cela signifie que même dans le cas probable du triomphe final de la loi et de l'ordre, la question de la régulation de la globalisation restera posée. Cependant, il est possible de penser que la nécessité d'y répondre se fera plus pressante. Et la réponse est extrêmement difficile, surtout si l'on veut éviter, à la fois, les prises de position normatives et la fuite dans l'utopie. Les propositions qui suivent ne sont donc que des voies de recherche.

Les bases d'une nouvelle régulation

L'ébauche d'une réponse à la demande de régulation de la globalisation comporte deux volets. D'une part, il s'agit d'imaginer les nouveaux territoires qui pourraient se substituer aux anciennes nations. D'autre part, tenter d'esquisser les nouvelles autorités qui seraient en charge de la régulation à la place des États. Sur ce dernier point, la tâche est plus difficile.

LES NOUVEAUX TERRITOIRES

Contrairement à une idée reçue, la globalisation n'implique pas un processus inéluctable d'uniformisation. Au contraire, sa dynamique repose sur l'existence de disparités, de différenciations spatiales. Longtemps, celles-ci ont été produites par l'existence d'États-nations avec leurs barrières protectionnistes, leurs politiques économiques, leurs monnaies, leurs cultures, etc. Dans l'avenir, l'effacement des territoires nationaux pourrait donner naissance à deux formes de nouveaux territoires : ceux qui émergeront du renouveau de l'intégration régionale et ceux qui émergeront de la création d'espaces infranationaux transfrontières.

Le renouveau de l'intégration régionale est un effet de la globalisation. Sa logique économique n'obéit plus aux règles fixées au début des années 1950 par J. Viner et qui ont présidé à l'élaboration du traité de Rome. Car ce qui caractérise les nouveaux territoires régionaux, c'est la coexistence d'économies inégalement développées au sein d'une zone de libre-échange, d'une union douanière ou, plus rarement, d'une union économique. L'ALENA fournit une bonne illustration. L'accord entre les États-Unis, le Canada et le Mexique favorise les effets de création de commerce, mais à travers une attractivité plus grande pour les investissements des firmes multinationales. Celles-ci sont rassurées sur la stabilité de mesures de libéralisation prises depuis le début des années 1980 et sur le soutien financier américain en cas de crise. Dès lors, elles peuvent exploiter ce nouveau terrain de jeu pour développer une stratégie globale. Celle-ci combine une stratégie de marché et une stratégie de minimisation des coûts par l'implantation de filiales spécialisées en fonction des avantages de localisation offerts des deux côtés du Rio Grande. La même analyse peut être faite pour l'Union européenne élargie vers l'est avec l'entrée d'un certain nombre de PECO et vers le sud sur la base des accords de libre-échange dans le cadre d'euro-Med. Même raisonnement aussi avec les projets d'institutionnalisation de l'ASEAN et de l'APEC sous forme de zones de libre-échange où les États-Unis et le Japon seront présents à côté d'économies émergentes moins développées.

La constitution de ces blocs régionaux pourrait, dans le futur, faciliter une concertation et déboucher sur une *governance* mondiale. Elle sera plus facile à gérer que dans les instances multilatérales auxquelles participent plus d'une centaine de pays. La question posée est de savoir qui représentera légitimement chaque bloc.

Simultanément à la création d'ensembles régionaux, il est à prévoir que des territoires infranationaux et transfrontières vont se multiplier. Ils peuvent s'analyser comme une résurgence de la notion marshallienne de « district industriel ». Des études montrent la prédominance de la spécialisation régionale sur la spécialisation nationale dans l'espace de l'Union européenne. Les schémas pour 2020 de l'aménagement du territoire, élaborés par la DATAR, montrent l'ouverture de chaque grande région française sur celle, correspondante, du ou des pays frontaliers. Ces districts favoriseront la croissance de grandes métropoles régionales. Ils seront reliés entre eux, à l'échelle mondiale, par des réseaux de coopération horizontale.

LES NOUVEAUX POUVOIRS

Ce qui caractérise la globalisation, c'est qu'elle a réussi à réduire considérablement les capacités d'intervention des contre-pouvoirs traditionnels. Non seulement celles des gouvernements et des administrations nationales sont affaiblies, mais aussi celles des syndicats et des organisations internationales. Il n'y a guère que les ONG et les mouvements protestataires qui se font entendre. Mais leur légitimité est discutable ainsi que leur pouvoir réel de négociation.

Pour comprendre ce qui est à l'origine de l'apparition d'un besoin de régulation, le point central est à chercher dans le pari des partisans du néolibéralisme. Ils ont posé que le processus de déréglementation allait faire naître *ipso facto* une nouvelle régulation, celle des marchés. C'est bien ce qui s'est passé à partir du milieu des années 1980. Cependant, les marchés qui ont pris le relais de la régulation intergouvernementale issue de Bretton Woods sont des marchés imparfaits. Ils sont donc instables par nature. Ils ne conduisent pas à un équilibre automatique par des mécanismes optimaux de régulation, comme dans le cas d'école des marchés de concurrence pure et parfaite. La concurrence oligopolistique ne produit pas ce résultat. Ce qui pose une double question pour la mise en place de nouvelles autorités de régulation.

La première consiste à tenter de compenser les *market failures* engendrées par les politiques de déréglementation et de privatisation. Dans plusieurs pays, des agences de régulation sectorielles ont été chargées d'opérer les corrections nécessaires. En France, il s'agit de l'Agence de régulation des télécommunications, de la Haute Autorité de l'audiovisuel, de l'Agence de régulation de l'électricité, du Conseil des marchés financiers... Leur statut juridique étant incertain, la légitimité de leurs décisions est contestable.

La seconde question relève du contrôle des opérations des grands opérateurs multinationaux qui dominent les oligopoles et qui font la loi sur les marchés. En fait, dans ce cas, la demande de régulation correspond à deux orientations différentes. Pour la première, la demande de régulation s'apparente aux politiques antitrust. Actuellement, il existe des organismes nationaux dont la compétence est en principe limitée aux activités des groupes nationaux qui enfreignent la législation existante. Mais l'agence antitrust américaine ainsi que la commission des ententes de l'Union européenne ont élargi le champ spatial de leurs investigations. Tandis que l'idée d'une agence mondiale de la concurrence et des ententes est encore impensable, en revanche une plus grande coopération entre des agences établies au niveau des nouveaux territoires régionaux pourrait aller dans le sens d'un contrôle plus étroit des activités des grands groupes multinationaux. Le recours à l'Organe de règlement des différends créé au sein de l'OMC pourrait aussi être utilisé indirectement pour sanctionner des actions de concurrence déloyale. Tous les observateurs s'accordent pour constater que l'ORD est de plus en plus souvent saisi par les États membres à l'instigation des groupes industriels et financiers. La novation introduite par l'ORD est la possibilité de mettre en place une juridiction internationale fondée sur la *lex mercatoria*. Le droit commercial international, d'inspiration anglo-saxonne, se substituerait ainsi au droit international public.

La seconde orientation porte sur des procédures d'autorégulation des secteurs, de caractère professionnel ou technique. Dans ce cas, les agences concernées émettent des normes ou des critères que les membres d'un secteur donné acceptent d'appliquer volontairement. L'adhésion onéreuse à l'agence, l'acceptation de ses procédures d'homologation, s'apparentent à l'entrée dans un club ou à la souscription d'une assurance. En effet, être membre du club donne à la fois de la crédibilité et de la visibilité. Ne pas en être, ou en être exclu, constitue une sanction grave qui va se répercuter en termes de perte de clientèle. Un peu comme dans le cas où un restaurant renommé perd une étoile dans le guide Michelin. À titre d'illustration, il est possible de mentionner, sans vouloir être exhaustif, l'évaluation de la qualité d'un produit ou d'un service par ISO, les critères de prudentialité de la commission Cooke dans le secteur bancaire, la distribution des noms de domaine sur Internet par l'ICAAN, la rédaction de codes de bonne conduite par une profession ou un groupe d'entreprises...

L'adhésion volontaire est une garantie de l'application des règles donc de l'efficacité de la régulation. En revanche, l'autorégulation d'une profession ou d'un secteur ou d'un oligopole peut aussi conduire à la mise en place de pratiques de cartels.

Conclusions provisoires

Les conclusions de cette analyse ne peuvent être que provisoires puisque la crise ouverte par les attentats de septembre n'est pas encore close. Si la régulation géopolitique est rétablie par la neutralisation des coupables des perturbations de l'ordre antérieur, nous soutenons que la demande de régulation de la globalisation économique, révélée par les attentats, ne serait pas pour autant satisfaite. Nous l'avons vu, les réponses à cette dernière sont les plus difficiles à imaginer puis à appliquer. La raison tient à la rencontre à ce stade des notions de gouvernance et de régulation.

La grande déréglementation néolibérale qui a commencé au début des années 1980 n'a pas débouché sur une véritable régulation de la mondialisation, mais sur un changement de pouvoir. Il a glissé du public au privé sous le nom de globalisation. Par suite, les efforts actuels pour créer des instances spécialisées dans la régulation risquent de déboucher sur un renforcement du pouvoir et de l'autonomie des oligopoles privés. La question de l'autorité ou des autorités en charge de la régulation est évidemment la plus difficile à résoudre. Elle oblige à changer les règles du jeu, donc la répartition du pouvoir.

En un mot, la satisfaction de la demande actuelle de régulation passe par l'émergence d'une nouvelle configuration de la mondialisation. Si rien n'est fait en ce sens, si la réussite de la régulation géopolitique débouche sur le *statu quo* au niveau de la régulation économique, alors le risque est que ce soit à nouveau la violence — mais une violence décuplée par rapport à celle des attentats de septembre — qui se charge de faire accoucher l'Histoire...

II

LES SECTEURS EXPOSÉS

L'énergie : la sécurité des approvisionnements en question

Par Jean-Marie Chevalier

L'industrie de l'énergie est habituée aux incertitudes et à la construction de scénarios pour éclairer les décisions stratégiques. Quatre scénarios sont présentés ici. Du plus optimiste, « la globalisation continuée », au plus pessimiste, « l'escalade de la fracture ». Trois priorités stratégiques en découlent pour les États et les entreprises : meilleure efficacité énergétique, diversification géographique et par sources d'énergie, sécurisation des installations. Ceci devrait avoir pour effet une augmentation du prix de l'énergie.

En 2001, la consommation mondiale d'énergie était pour 40 % le fait du pétrole, le reste provenant du gaz naturel (25 %), du charbon et autres combustibles solides (25 %) et de l'électricité primaire (hydraulique et nucléaire pour 10 %). L'OPEP assure 42 % de la production mondiale de pétrole. Parmi les onze pays de l'OPEP, dix sont des pays où la majorité de la population est musulmane. Ces dix pays sont directement concernés par les événements du 11 septembre.

Même si l'intensité énergétique de nos économies a diminué depuis le premier choc pétrolier, notre dépendance vis-à-vis du pétrole et vis-à-vis de l'OPEP n'a pas été réduite de façon significative. Toutefois, l'industrie de l'énergie a depuis longtemps l'habitude des chocs, des risques et des incertitudes ; depuis longtemps elle sait construire des scénarios. Les événements du 11 septembre nous interpellent une nouvelle fois. Ils ramènent sur la place publique la question de la sécurité des approvisionnements pétroliers à partir du Golfe et ils introduisent un élément nouveau : celui de la sécurité des installations énergétiques qui pourraient devenir des cibles privilégiées : tankers de pétrole ou de gaz, raffineries, terminaux, oléoducs et gazoducs, stockages, sites nucléaires, lignes à haute tension. Face à ces questions, nous allons réfléchir sur certains scénarios possibles. Aucun des scénarios esquissés ici n'est évidemment probabilisable — c'est le propre de la méthode des scénarios — mais ils nous permettront de mettre en évidence, dans une seconde partie, les priorités stratégiques et politiques à afficher, au niveau des États et des entreprises.

Quatre scénarios contrastés : de la globalisation continuée à l'escalade de la fracture

La méthode des scénarios est fondée sur l'idée de construire plusieurs images possibles du monde de demain, chaque image ayant sa propre cohérence interne. Après les événements du 11 septembre, quatre images peuvent être esquissées, de la plus idéaliste à la plus tragique, de la globalisation continuée à l'escalade de la fracture.

LA GLOBALISATION CONTINUÉE

Le 11 septembre est un incident de parcours, un peu comme l'invasion du Koweït par l'Irak. Les terroristes avaient peut-être un plan mais il est contenu ; les réseaux sont désorganisés, un gouvernement « raisonnable » est mis en place en Afghanistan, les gouvernements des pays musulmans gardent le contrôle des mouvements de masse et de protestation, la croissance économique est peu touchée. La Russie et la Chine participent plus activement à la mondialisation, notamment à travers l'OMC. Le prix à payer pour la mondialisation retrouvée, ce sont des aides assez généreusement distribuées aux gouvernements amis sans que l'on insiste plus particulièrement sur l'utilisation et la répartition des aides. Ce scénario est en grande partie fondé sur un consensus profond des gouvernements mondiaux sur un modèle de croissance libéral fondé sur la consommation de masse. Ce scénario minimise bien évidemment les rapports de force antagonistes entre riches et pauvres, comportements « normaux » et sensibilités « déviantes ». Dans ce scénario, la géopolitique mondiale de l'énergie n'est pas modifiée. *Business as usual.*

LA GLOBALISATION RÉGULÉE

Dans ce scénario, la remise en ordre est plus difficile et plus longue. Les séquelles du 11 septembre se font sentir assez fortement, surtout dans les pays les plus pauvres où les gouvernements ont du mal à contrôler des populations ébranlées. Pour éviter un repli des États sur eux-mêmes, qui pourrait être dramatique pour certains d'entre eux, une sorte de solidarité, ou encore de mutualisation internationale, est mise en place pour assurer, conjointement et solidairement, une meilleure régulation de l'économie mondiale. L'aide internationale et l'aide au développement augmentent et sont mieux coordonnées, les pays les plus pauvres sont davantage associés à la régulation macrofinancière, les mouvements de capitaux sont plus étroitement surveillés, les paradis fiscaux pourchassés. L'environnement devient un enjeu de coopération et de solidarité. Le prix à payer pour le maintien de l'ordre mondial est plus élevé. La croissance est moindre et davantage partagée. Du point de vue énergétique, cette situation repose sur une croissance moins intense en énergie et un encouragement au développement des énergies renouvelables sans toutefois que les flux pétroliers et gaziers ne soient fondamentalement perturbés puisque les pays exportateurs ont fondamentalement besoin de ces revenus.

LA FRAGMENTATION

La première vague terroriste s'étend. Elle touche d'autres pays, pays riches mais aussi pays pauvres où le terrorisme est un moyen de contestation des régimes en place et un mode de revendication. Chaque État tend alors à se replier sur lui-même pour faire face à ses propres périls internes. Le rôle de l'État est considérablement renforcé et aussi le coût de l'État qui doit assurer la police et la sécurité. Les dynamiques économiques des États tendent à s'autonomiser par rapport à la globalisation mais l'entité européenne subsiste à cause de l'euro. Du point de vue énergétique, les flux pétroliers sont menacés d'interruptions, sans doute temporaires. Il convient de diversifier davantage les sources d'approvisionnement en termes d'énergie primaire et en termes géographiques. Les flux d'investissements se dirigent plus vers la Russie, immense réservoir d'énergie, que vers le Moyen-Orient mais surtout une priorité est donnée aux énergies nationales, y compris, pour certains pays, le nucléaire, placé sous haute surveillance. Les préoccupations d'environnement passent au second rang, dans une vision très nationale. La priorité donnée aux énergies nationales a comme effet de pousser à la hausse les prix de l'énergie. Dans ce scénario, on voyage beaucoup moins et les vacances en Bretagne sont préférées aux plages tunisiennes.

L'ESCALADE DE LA FRACTURE

C'est le scénario du pire, celui dans lequel le pouvoir de conviction du *djihad* s'étend à des millions de jeunes musulmans sans emploi et souvent sans avenir professionnel dans leur propre pays, que ce pays soit développé ou sous-développé. Ce risque avait déjà été noté dès le mois de septembre par le journaliste anglais Robert Fisk qui écrivait dans *The Independant* : « La plus grande puissance militaire de la planète a commencé à bombarder la nation musulmane la plus pauvre, la plus dévastée. Quel musulman l'approuverait ? » L'escalade de la fracture, c'est l'alliance des masses déshéritées auxquelles la mondialisation n'apporte pas grand-chose, qui n'ont rien à perdre et qui peut-être sont prêtes à la surenchère dans la violence. Qui fait mieux que les Twin Towers ? Cette forme de fracture a bien sûr de fortes racines économiques, celles du sous-développement sous toutes ses formes et de l'inégal partage des fruits de la croissance. Elle est d'autant plus dangereuse et destructrice qu'elle est à la fois mondiale et nationale puisque les objectifs sont à la fois les symboles multinationaux et les régimes nationaux contestés pour leur compromission dans la globalisation. Dans ce scénario, toutes les ruptures énergétiques sont possibles puisque les installations énergétiques deviennent des cibles privilégiées par l'ampleur des dégâts qu'elles peuvent entraîner. Dans ce scénario, la grande question est de savoir combien de temps ça peut durer, sachant qu'il implique une énorme destruction de richesses et de potentiel de croissance donc de revenus.

Il est important de garder à l'esprit que ces quatre images sont des trajectoires qui ne sont pas exclusives l'une de l'autre. On peut vivre quelques mois dans la globalisation continuée puis basculer pour quelques mois dans l'escalade de la fracture pour revenir ensuite à la globalisation régulée.

Priorités politiques et stratégiques : efficacité, diversification, sécurité

Les quatre scénarios décrits ci-dessus ont des implications quantitatives extrêmes. Dans le premier, la croissance du transport aérien continue sur sa lancée et la consommation mondiale d'énergie continue à croître sans que les préoccupations d'environnement ne soient réellement prises en compte, notamment par les États-Unis. Dans le dernier scénario, la croissance et la structure des consommations d'énergie peuvent être totalement cassées pour une période assez longue. À l'horizon 2015, la consommation mondiale d'énergie pourrait être ainsi très significativement différente, l'écart pouvant aller de 6 à 10. Les implications financières sont énormes puisque, pour le seul pétrole, on peut estimer que le surplus pétrolier — c'est-à-dire la somme des recettes prélevées par les pays exportateurs, les pays consommateurs (sous forme de taxes) et les compagnies — est de l'ordre du PIB français.

La réflexion politique et stratégique à partir des quatre scénarios décrits ci-dessus est riche en enseignements mais en même temps elle n'est pas surprenante. En fait, les conclusions que l'on peut tirer paraissent s'inscrire dans les perspectives d'une évolution tendancielle lourde des systèmes énergétiques. Les événements du 11 septembre ont pour effet de renforcer des préoccupations stratégiques et politiques qui existent déjà, d'une façon plus ou moins révélée. Elles peuvent se résumer en trois mots : efficacité, diversification et sécurité. Ces trois réponses ou mesures d'urgence sont adaptées, quelles que soient les probabilités d'occurrence de chacun des quatre scénarios. Elles vont toutes les trois dans le sens d'une augmentation des prix de l'énergie.

EFFICACITÉ

La prise de conscience, depuis la conférence de Rio, des problèmes liés au changement climatique tendent à montrer que la consommation mondiale d'énergie ne peut pas croître sur le rythme qu'elle a connu dans le passé, même en tenant compte des besoins des pays en développement. Il faut inventer de nouveaux systèmes énergétiques mais il faut d'abord agir sur les systèmes existants pour en accroître l'efficacité sans porter atteinte au niveau de satisfaction des besoins. Cet accroissement d'efficacité répond aux préoccupations actuelles puisqu'il diminue, quantitativement, la dépendance de nos économies par rapport à l'énergie. Les progrès en efficacité ne se font que s'il existe des signaux et des incitations appropriés qui sont essentiellement les prix, les taxes et les subventions. L'argument fort qui milite en faveur de l'augmentation des prix et des taxes sur l'énergie, c'est que les taxes que nous payons aujourd'hui, notamment sur les carburants, ne couvrent pas l'ensemble des coûts sociaux générés par le transport. Il est indispensable que les discours d'intention se transforment en décisions réelles, dans un cadre européen qui pourrait devenir un exemple. L'Europe a réussi à construire un assez fort consensus sur les engagements de Kyoto. Il faut plus que jamais pousser dans cette voie qui passe par l'amélioration très significative de l'efficacité énergétique et une politique active de transports publics et privés. C'est coûteux mais tous les éléments sont là pour expliquer aux citoyens et aux entreprises que c'est indispensable dans une vision à long terme du bien public. C'est un problème trop important pour être laissé aux seuls partis verts.

DIVERSIFICATION

Les événements du 11 septembre mettent en évidence notre dépendance à la fois vis-à-vis du pétrole et vis-à-vis des pays musulmans producteurs de pétrole et de gaz. Bien sûr cette dépendance doit être très relativisée par la notion d'interdépendance. Nous avons besoin de leur pétrole et de leur gaz mais ils ont aussi cruellement besoin des devises qu'ils reçoivent pour alimenter leur budget. Cette double dépendance, en termes d'énergie dominante et en termes géographiques, a toujours été une préoccupation dans l'histoire du pétrole mais, jusqu'à présent, aucune interruption majeure et durable n'a eu lieu (quelques jours au moment de la nationalisation du canal de Suez en 1957 et quelques jours d'embargo en 1973). La question se pose à nouveau aujourd'hui car, dans les scénarios du pire, les exportations du Golfe pourraient être partiellement interrompues. Ces interruptions seraient le résultat de sabotages et d'attentats locaux, venant de groupes à la fois dispersés et organisés et il n'est pas sûr qu'une intervention militaire pourrait être efficace comme elle l'a été au moment de la guerre du Golfe, sans parler des dommages collatéraux qu'elle pourrait causer.

Ces réflexions débouchent très logiquement sur des priorités politiques et stratégiques de diversification à la fois énergétique et géographique. Quel que soit le scénario, ces priorités sont gagnantes dans une vision à court, moyen et long terme, avec cependant une difficulté : leur mise en œuvre n'est pas instantanée.

Une meilleure diversification géographique concerne d'abord le portefeuille de permis (d'exploration et de production de pétrole et de gaz) des grandes compagnies. Dès le mois de septembre, des projets dans le Golfe étaient retardés tandis qu'un regain d'intérêt se manifestait pour la Russie. La Russie est en effet un gigantesque réservoir de pétrole et de gaz (environ 30 % des réserves mondiales de gaz naturel, peut-être plus), la structure économique du pays a été assainie et elle a un énorme besoin d'investissement pour développer ses ressources naturelles et démarrer de nouvelles formes de croissance. Le président Poutine a très rapidement compris quels étaient les intérêts de la Russie dans la crise. Le pays est dans une situation gagnant/gagnant dans tous les scénarios. Cette nécessaire diversification des portefeuilles pourrait entraîner de nouvelles fusions entre entreprises car en soi la taille devient un atout face à l'importance des investissements nécessaires et à la répartition des risques. Ces recompositions de portefeuille peuvent être accompagnées par des initiatives politiques. Tel est le cas de « l'initiative Prodi » lancée vis-à-vis de la Russie en 2000 par le président de la Commission européenne pour renforcer les flux énergétiques de la Russie vers l'Europe, notamment en ce qui concerne le gaz naturel qui, rappelons-le, peut remplacer les produits pétroliers pour certains usages. Le risque russe profite de la crise, les États demandeurs de Russie sont prêts à s'impliquer dans la couverture des risques, le pays est très courtisé par les Européens et les Américains.

La diversification des sources énergétiques va dans le sens du développement accéléré des énergies décentralisées et renouvelables, essentiellement celles du vent et du soleil. Ce développement est déjà considéré comme une priorité en Europe. La crise ne peut que conforter cette orientation qui a une importance majeure pour le long terme. Une autre préoccupation est celle de la flexibilité interénergétique permettant, pour un usage donné, de mettre en concurrence plusieurs formes d'énergies en fonction de leur disponibilité et de leur prix. C'est aussi une façon de diminuer la dépendance. Quant au charbon, abondant et bien réparti au niveau de la planète, il peut être développé mais dans une perspective de « charbon propre », c'est-à-dire à un coût élevé. La question du nucléaire est plus complexe. Il est trop tôt pour savoir comment la problématique du nucléaire est modifiée par les événements du 11 septembre. Il faut en fait distinguer deux choses : la gestion du parc nucléaire existant, avec ses problèmes sécuritaires, et l'avenir du nucléaire pour l'instant freiné par des problèmes de financement et d'acceptation sociale. L'avenir de nouvelles filières, actuellement au stade de l'expérimentation, dépendra en partie de la sécurité de ces nouvelles technologies.

SÉCURITÉ

La sécurité des installations énergétiques a toujours été un sujet de préoccupation majeur pour les opérateurs mais il prend tout à coup une dimension nouvelle et terrifiante à partir du moment où ces installations deviennent des cibles possibles — et pas très difficiles à atteindre — pour des groupes terroristes, ou pour des fous. Dans l'immédiat, il est probable que les impératifs de sécurité vont se traduire par une augmentation très sensible des coûts : renforcement des processus techniques de sécurité, mesures de surveillance, de contrôle, de protection et de précaution, primes d'assurance. Ceci est vrai pour toutes les industries, mais le secteur de l'énergie se découvre une vulnérabilité qu'il connaissait certes, mais qui appartenait à la fiction. Tout à coup, chaque installation est vue sous un angle sécuritaire. Si cette préoccupation sécuritaire se confirme, il est clair que les installations dangereuses et de très grande taille sont pénalisées, sauf si leur concentration pouvait favoriser un système de protection à toute épreuve, ce qui est peu vraisemblable. En revanche, il semble que les installations décentralisées, de petite taille, utilisant des énergies renouvelables, ou même des énergies fossiles, aient un coût sécuritaire moindre et elles s'inscrivent, par ailleurs, comme nous l'avons montré plus haut, dans l'évolution tendancielle des systèmes énergétiques.

Efficacité, diversification et sécurité sont des mesures d'urgence sur lesquelles les entreprises et les États peuvent s'entendre. Elles devraient avoir pour effet une augmentation du prix final de l'énergie.

Une nouvelle ère pour l'assurance ?

Par FRANÇOIS-XAVIER ALBOUY
ET JEAN-HERVÉ LORENZI

Comment l'événement du 11 septembre affecte-t-il les marchés d'assurance ? Est-ce que l'assurance mondiale est à même de résister aux successions de chocs catastrophiques qui frappent les économies occidentales ? Quelles seraient les conséquences de son effondrement et quels systèmes sont à penser pour gérer les risques postmodernes ? Telles sont les questions qui se posent au lendemain des attentats terroristes sur New York et les États-Unis. Une chose est certaine, l'assurance mondiale des dommages ne sera plus jamais la même au lendemain de cet événement qui révèle l'extrême fragilité de la solvabilité des acteurs et peut-être, d'une manière plus générale, l'illusion d'une véritable performance économique et politique de la gestion des risques.

Un événement catastrophique qui révèle la fragilité des marchés d'assurance

L'ampleur de l'attentat, son caractère imprévisible, la crainte diffuse que des événements du même ordre se reproduisent, sa charge symbolique, tout milite pour faire de cet événement une catastrophe qui bouleverse les visions du monde et change les représentations du risque. Les premières

estimations après les attentats du 11 septembre font état d'un sinistre de l'ordre de 30 milliards de dollars pour les compagnies d'assurance : *Accidents du travail : 3,0 ; Assurances vie : 4,5 ; Assurances de biens : 10,0 ; Aviation : 3,0 ; Pertes d'exploitation : 3,5 ; Responsabilités : 5,0 ; Divers : 1,0 ;*
Source : *Tillinghast*, septembre 2001.

Ce montant ne représente pas la totalité, loin s'en faut, de ce qui a été perdu ce jour-là. Il ne s'agit que de la partie des dommages et pertes qui est couverte par le marché privé de l'assurance. En particulier, les dommages causés aux administrations publiques comme le Pentagone ne sont pas pris en compte puisque l'État — aux États-Unis comme ailleurs — est son propre assureur. Par sa puissance symbolique, sa violence et son caractère systématique, cet événement est exceptionnel. Pour autant, par sa structure et son montant, ce sinistre n'est en fait pas très différent des sinistres catastrophiques qui frappent l'industrie de l'assurance depuis une vingtaine d'années. Le sinistre dû à l'ouragan Andrew en 1995 a entraîné des indemnisations à hauteur de 25 milliards de dollars. Par ailleurs, des sinistres plus diffus parce qu'ils ne sont pas liés à un événement, comme l'abestosis et les maladies pulmonaires liées à l'amiante, représentent pour les assureurs un sinistre de l'ordre de 125 milliards de dollars (maladies professionnelles, rénovation des bâtiments). Dans un même ordre d'idées, l'ensemble de tous les sinistres de responsabilité liés aux dommages à l'environnement est estimé à 50 milliards de dollars.

Ce n'est donc pas tant l'attentat du 11 septembre qui est exceptionnel, mais la fragilité des marchés d'assurance par rapport à des sinistres de cette ampleur. Cette fragilité est d'autant plus étonnante que l'événement s'inscrit dans une longue succession de sinistres aux conséquences toujours plus catastrophiques d'une part, et que la gestion des risques est le fondement symbolique et politique des démocraties occidentales, d'autre part. Pour juger de la fragilité du marché de l'assurance dommages, il suffit de constater que les compagnies d'assurance et de réassurance du monde entier ont, au lendemain du 11 septembre, lancé des *profit warning* et annoncé des prévisions de résultats fortement dégradées. Plus de cinquante compagnies d'assurance et de réassurance ont annoncé le montant des pertes nettes dues à l'événement : une vingtaine de compagnies devraient être touchées à hauteur de 5 % de leur capital et une dizaine à hauteur de 10 %. Enfin, certaines branches d'assurance comme l'assurance aviation sont bien évidemment particulièrement touchées et dégradées pour une longue période. Les augmentations de primes nécessaires pour un retour à l'équilibre sont telles qu'elles mettent en péril les comptes d'exploitation des compagnies aériennes, industrie directement affectée par l'événement et ses conséquences. L'agence de notation Standard & Poor's considère qu'un autre événement entraînant un sinistre supérieur à 50 milliards de dollars mettrait en péril grave l'activité d'assurance dommages dans le monde. Tous les experts s'accordent à penser qu'un autre événement catastrophique de l'ampleur de celui du 11 septembre ne pourrait être absorbé par le secteur de l'assurance.

L'éventualité de sinistres majeurs ne s'éloigne pas. Pour l'illustrer, on convient généralement que si l'ouragan Andrew qui a traversé la Floride avait frappé le cœur de Miami, il aurait entraîné des dommages de l'ordre de la centaine de milliards de dollars. Des considérations similaires sont faites à propos des séismes potentiels en Californie ou au Japon. Un tremblement de terre important sur Tokyo pourrait par exemple causer un sinistre majeur de l'ordre de 800 milliards de dollars.

Il y a donc une sorte de course-poursuite infernale entre les capacités de couverture des marchés d'assurance d'une part et l'augmentation *de facto* de l'ampleur des catastrophes, qu'elles soient d'origine naturelle ou humaine. Dans le cas du 11 septembre et devant l'inquiétude d'une réaction systémique d'un écroulement des marchés d'assurance qui mettrait en péril les systèmes bancaires et l'économie mondiale, des solutions d'urgence sont recherchées. Elles ne répondent pas au vrai problème qui est celui de l'extraordinaire concentration des risques. Différentes solutions sont à l'étude pour renforcer la solidité du secteur devant des événements de cette ampleur. Les associations professionnelles américaines (AIA), les contrôleurs (NAIC) et les pouvoirs publics américains évoquent un dispositif de réassurance fédérale qui permettrait une intervention de l'État lorsqu'un événement affecte le capital des compagnies au-delà de 5 %. Il n'est pas encore clair si ce dispositif consistera en une réassurance en dernier ressort ou des prêts à long terme de l'État fédéral. Il n'est pas non plus décidé si cette réassurance fédérale concernera les seuls actes de terrorisme ou pourrait être étendue à d'autres types de catastrophes. Les ministres des Finances européens ont annoncé la mise en place d'un dispositif de réassurance spécifique pour les risques aviation, ce dispositif visant à apporter un soutien conjoncturel aux compagnies aériennes après les difficultés de Swissair.

Un autre axe de réflexion consiste à s'interroger sur l'exclusion des actes de terrorisme des polices d'assurance. Cette réflexion est bien le révélateur de quelque chose qui ne fonctionne plus dans la couverture des risques. Elle revient à dire que l'assurance ne peut plus garantir un risque objectif, dilué dans une multitude de contrats couvrant les biens, les personnes et les créances. Il s'agirait d'une reconnaissance de fait d'une part de l'incapacité des États occidentaux à garantir un niveau de sécurité intérieur suffisant, et d'autre part de l'incapacité des assureurs à prendre en charge et à couvrir les sinistres importants résultant de cette insécurité.

Un problème lancinant : la concentration des risques

Une limite semble avoir été atteinte dans la capacité d'intervention de l'assurance mondiale face aux catastrophes. Cette fragilité apparente de l'assurance face aux catastrophes n'est pas seulement un thème d'actualité comme peuvent l'être les difficultés certainement passagères de l'aviation civile ou du secteur de la publicité. En effet, le risque — matière première des marchés d'assurance — est devenu une des catégories majeures du débat politique dans les démocraties occidentales. On l'a vu, depuis vingt ans, les grandes compagnies de réassurance ne cessent d'être préoccupées par une augmentation sensible de la fréquence et de la taille des grands sinistres. Pour expliquer ce phénomène, il n'est en fait pas nécessaire de mobiliser des argumentaires sophistiqués comme le changement climatique ou l'imprévisibilité des cadres géopolitiques après l'effondrement de l'URSS. Il suffit de se souvenir que les risques augmentent du fait de la concentration des patrimoines. Depuis le tremblement de terre de Lisbonne et la célèbre controverse entre Voltaire et Rousseau, cet argument est connu. Voltaire stigmatisait la Providence d'avoir été si aveugle qu'elle ait laissé détruire Lisbonne, Rousseau remarquait que l'événement en lui-même n'était rien, mais qu'il ne devenait catastrophique que parce que l'on avait concentré en un seul lieu autant d'habitants et de richesses. La concentration des patrimoines, des richesses et des talents est devenue une difficulté majeure, voire une impasse, pour la couverture des risques. Ainsi, près des trois quarts des habitants des États-Unis habitent à moins de cent kilomètres des côtes ! Il s'ensuit qu'un seul événement comme le cyclone Andrew peut causer des dommages considérables sur la Floride. Il n'est pas nécessaire d'invoquer le réchauffement de l'atmosphère. La plus grande catastrophe naturelle des temps modernes reste l'ouragan qui, en novembre 1970, a ravagé le Bangladesh, provoquant un raz de marée et des pluies torrentielles et entraînant la disparition de plus de 300 000 personnes. La concentration des populations et des patrimoines assurés contredit l'adage célèbre du Lloyd's : « Insurance is the contribution of the many to the loss of the few. » Dans le même ordre d'idées, la concentration du capital productif par les rapprochements entre entreprises est aussi préoccupante, elle aboutit à des productions de masse standardisées qui peuvent entraîner des sinistres catastrophiques ou requérir des actions de prévention massives : effets secondaires d'un anticholestérol consommé dans le monde entier, pandémies animales liées à l'industrialisation des aliments pour l'élevage, bogue de l'an 2000 face à la situation de quasi-monopole qui caractérise l'industrie des systèmes d'exploitation informatiques... Autant d'événements récents qui ont démontré que la concentration du capital et la standardisation des processus entraînent une augmentation de l'exposition à des risques majeurs. La fiabilité totale des processus et techniques de production est un leurre. Enfin, alors qu'il est connu que les quelque 80 % de la richesse mondiale sont produits par 5 % de la population mondiale et que ces 5 % constituent justement l'essentiel des clients des marchés d'assurance, comment s'étonner que de plus en plus d'événements aient des conséquences catastrophiques pour l'équilibre des marchés d'assurance ?

Une réponse inadaptée des marchés d'assurance dommages à ce problème de concentration

Les problèmes structurels des marchés d'assurance sont de deux ordres. Ils concernent d'une part une difficulté intrinsèque aux marchés d'assurance dommages à dégager une rentabilité forte, et d'autre part, une évolution tendancielle qui est celle d'une augmentation de l'autoassurance. Les capacités disponibles (le capital des compagnies d'assurance) pour couvrir les risques et dommages matériels ne sont pas infinies, elles sont limitées et probablement en deçà des besoins. Cette rareté relative est largement due à ce que l'activité de couverture des risques est en fait peu rentable par elle-même et ne s'équilibre que par un jeu de compensation avec les produits financiers réalisés par les compagnies. Ainsi, le montant des sinistres est-il depuis vingt ans légèrement supérieur à celui des primes encaissées dans la plupart des lignes de l'assurance dommages pour les particuliers comme pour les entreprises. On assiste à un véritable *dumping* financier des primes d'assurance dommages. Les assurés, industriels ou particuliers, paient des primes qui ne sont pas égales aux risques véritables auxquels ils sont confrontés, mais des primes en quelque sorte déflatées des produits financiers réalisés par la gestion d'actifs des compagnies. Qui s'en plaindrait ? C'est en fait une perversion très grave. Si les primes ne correspondent pas au risque pur, alors les incitations à la prévention sont faussées. Sur quoi peuvent mordre les motivations à effectuer des dépenses et des investissements lourds de prévention des risques, lorsque le coût d'un transfert du risque est diminué du rendement des marchés financiers ? Ni les compagnies, ni les autorités de contrôle, ni les gestionnaires de risque n'ont trouvé de solutions satisfaisantes à ce problème lancinant de l'assurance. Les théories du risque ont largement démontré que les dépenses de prévention et les dépenses d'assurance ne sont pas complémentaires, mais substituables. Ces deux comportements ont en commun de réduire le risque, mais la prévention consiste à réduire la probabilité d'un sinistre, quand l'assurance s'attache à réduire les conséquences financières de la perte. Ce qui est vrai dans les comportements individuels le reste dans les attitudes collectives. Sur une longue période, les dépenses de prévention n'ont pas suivi l'augmentation des risques et la complexité croissante des systèmes, parce que les incitations à le faire ont été diminuées de la rentabilité des marchés financiers. Les ressorts compensateurs à ce phénomène, comme le développement impressionnant des indemnités exigées par les tribunaux pour la compensation des victimes, n'ont pas suffi à inverser la tendance. La gestion optimale des risques au sens financier du terme a masqué l'importance des investissements nécessaires pour contenir les risques objectifs dans la sphère réelle, risques eux-mêmes en augmentation du fait de la concentration des populations et des richesses. La catastrophe industrielle de Toulouse relève probablement de cette logique. Un déplacement de l'usine de cinquante kilomètres aurait certainement eu un impact considérable sur l'ampleur des dégâts. Mais la balance entre le coût de ce transfert et la réduction du sinistre potentiel n'a pas été faite parce qu'il n'y a pas eu d'incitations en ce sens. Après tout, si le compte d'exploitation du propriétaire de l'usine est protégé, en quoi une réduction de l'éventualité d'un sinistre catastrophique le concerne ? Les dépenses associées à cette prévention ne lui apporteraient aucun enrichissement net tant qu'il peut transférer ce risque aux marchés d'assurance en dessous de son coût réel. Les jeux financiers et fiscaux qui permettent à l'industriel de transférer le risque par l'intermédiaire de *captives* à des marchés financiers l'incitent à optimiser le coût de ce transfert et non pas la réduction du risque objectif.

La forte rentabilité des marchés financiers a aussi eu comme conséquence négative pour l'assurance celle d'une augmentation de l'autoassurance, c'est-à-dire une gestion des petits risques (forte probabilité, mais conséquences faibles) par de l'épargne de précaution. À la suite des travaux de Joseph Stiglitz, prix Nobel d'économie 2001, il a été démontré que le risque n'est transféré qu'à la condition que la valeur ajoutée de ce transfert reste attractive par rapport au rendement des marchés financiers. La mutualisation ou *pooling* des risques accroît la richesse espérée des membres du *pool* ou de la mutuelle. C'est ce que vendent les compagnies d'assurance, plus des services d'expertise et de traitement des sinistres. Mais les taux d'intérêt réels positifs, la rentabilité des marchés financiers et l'augmentation des patrimoines ont contribué à une réduction du champ de pertinence de l'assurance. Les développements des *captives* d'assurance pour les entreprises participent de ce phénomène. Augmenter les franchises, autofinancer par des primes versées à une *captive* les petits risques et ne transmettre aux marchés d'assurance que les grands risques ou risques catastrophiques est le leitmotiv des gestionnaires de risque qui peuvent ainsi optimiser au sens fiscal et financier leurs dépenses d'assurance. L'augmentation de ces rétentions et de ces mécanismes a fragilisé les marchés d'assurance dommages.

Bénéficiant d'une conjoncture favorable liée au vieillissement des populations, les assureurs vie sont eux dans une situation totalement différente. À tel point que l'assurance dommages est presque devenue marginale par rapport aux chiffres d'affaires réalisés par les assureurs vie. C'était exactement l'inverse il y a trente ans. Le décalage est impressionnant. Les compagnies d'assurance vie américaines présentent ainsi un actif net de 3 000 milliards de dollars. Ces compagnies d'assurance vie n'auront pas de grandes difficultés à respecter leurs engagements au lendemain du 11 septembre, elles soldent chaque jour près de dix mille contrats d'assurance décès… Les compagnies d'assurance dommages représentent, elles, des volumes de capital beaucoup plus faibles, de l'ordre de 100 milliards de dollars, auxquels il faut rajouter les couvertures de réassurance dommages d'un montant de 250 milliards de dollars. C'est sur ces capacités relativement faibles par rapport aux volumes de l'épargne mondiale que le marché privé de l'assurance est amené à couvrir des risques de plus en plus importants. L'articulation entre les marchés d'assurance et de réassurance souffre aussi de cette situation. La concurrence vive entre les acteurs les amène à offrir à leurs clients industriels des solutions sophistiquées de réassurance des *captives* ou de réassurance financière. Toutes ces solutions et ces montages ont pour effet de ne transmettre aux marchés d'assurance que la partie la plus mauvaise des risques et de recourir aux marchés financiers pour assurer la partie saine des risques.

Les solutions de titrisation ou d'*Alternative Risk Transfert* (ART) ne concernent ainsi que des portefeuilles de risques à faible volatilité, soit parce que la mutualisation interne de ces portefeuilles est élevée, soit parce que les lois statistiques de ces risques sont particulièrement stables. La stabilité des lois de probabilités d'apparition des catastrophes avait surtout retenu l'attention. Cette stabilité et son indépendance avec les indices économiques ont permis le lancement des *catbonds*. Il s'agit pour l'essentiel d'obligations à fort rendement, mais soumises à un aléa sur le principal, en relation avec un indice de catastrophes naturelles. Le marché des *catbonds* profite de cette stabilité des probabilités d'apparition des catastrophes pour transférer une partie du risque par les marchés financiers à des opérateurs soucieux de protéger leurs placements par des arbitrages sur des actifs dont les variations de rendement sont indépendantes de la conjoncture économique générale. On voit bien que ces techniques permettent de transférer une partie moyenne du risque, faible par rapport à l'ampleur des sinistres catastrophiques. Là encore, il s'agit d'un jeu purement financier qui permet à un preneur de risque de protéger son bilan contre l'éventualité d'une catastrophe supérieure dans un ordre de grandeur raisonnable aux courbes d'expériences. Ainsi, la plupart des *catbonds* prémunissent les porteurs de risque contre une augmentation de l'ordre de 10 à 20 % des indices de catastrophes naturelles, mais certainement pas contre le doublement ou le triplement de ces indices.

Pourtant un travail lourd sur les normes de construction dans les zones sensibles, la répartition des activités à risque et l'organisation préventive des dispositifs de secours permettent de réduire très sensiblement les conséquences d'une catastrophe (dans le cas du cyclone Andrew un quart des dommages aurait pu être évité par le simple respect des normes de construction).

Vers un retour aux fondamentaux du risque ?

La financiarisation croissante de la gestion des risques a probablement atteint ses limites, en particulier dans la couverture des grands risques. Au contraire, une meilleure prise en compte par les marchés financiers des risques matériels et réels auxquels sont soumises les entreprises et les collectivités, par des *ratings* appropriés, par exemple, serait à même de rééquilibrer le partage des risques entre assureurs, assurés et épargnants. Ce retour vers une gestion matérielle des risques qui s'intéresse moins à la couverture des flux financiers qu'à la réduction des sinistres potentiels ne pourra se faire spontanément. C'est en cela que l'événement du 11 septembre marque une rupture. C'est justement parce qu'il frappe l'endroit le plus symbolique de la concentration des patrimoines. Une catastrophe naturelle, après tout, a beaucoup plus de chances d'affecter une zone déshéritée où peu de personnes et de biens sont assurés qu'une zone riche. Une catastrophe terroriste au contraire frappe directement des endroits sensibles économiquement et politiquement. Mais ni dans le cas des catastrophes naturelles, ni dans celui des actes terroristes, il n'est possible de jouer sur les probabilités. Dans les deux cas, il faut s'atteler à la tâche immense de contrecarrer les effets de la concentration des richesses par des dispositions matérielles appropriées pour réduire la perte maximum potentielle. L'événement du 11 septembre a déplacé par un saut le seuil de perception des probabilités de telles catastrophes. Soudain, pour reprendre l'expression du gouvernement américain, la probabilité de la répétition de tels actes est jugée élevée. Cette révision du jugement est un véritable bouleversement. Elle termine une époque persuadée que seule la gestion financière des risques est efficace ou qu'elle peut s'affranchir de la gestion matérielle.

Ce retour vers les fondamentaux du risque n'est pas évident. Le décalage entre le risque comme objet politique et les techniques de gestion des risques pèse sur les marchés d'assurance. Le risque, s'il est aujourd'hui une catégorie majeure de la politique, reste un objet complexe. C'est une des frontières, une des limites de la démocratie, où des intentions généreuses comme la précaution, la prévention, la sécurité peuvent insidieusement générer de l'arbitraire et de l'irrationnel. Pour le politique, ce phénomène est connu, la sécurité est une antienne du discours politique dans les grandes démocraties. Mais si les comportements face au risque sont un des champs très actifs de la recherche contemporaine, les paramètres d'une décision optimale en situation risquée sont loin d'être connus. Les prises de décisions collectives en souffrent. Entre un recours massif à des expertises scientifiques qui minent les efforts de démocratisation et de coresponsabilité des acteurs d'un côté et l'hypersensibilité du public à certains risques plutôt qu'à d'autres, l'allocation optimale des ressources est difficile. Faut-il sincèrement s'intéresser aux dérives potentielles du génie génétique et aux lointaines conséquences des OGM sur la biodiversité alors que la tremblante du mouton a détruit en une saison le cheptel britannique et que la malnutrition reste une caractéristique principale de l'économie mondiale ? Est-il véritablement judicieux de combattre la pollution urbaine et d'installer des capteurs pour informer les patineurs sur la composition de l'air, alors que des poudrières industrielles sont sises en zones périurbaines ? L'apparente fiabilité des systèmes collectifs, la certitude d'une disparition des fatalités, la confiance aveugle dans des expertises partielles ont conduit à placer au centre des débats politiques des risques peut-être plus éloignés que les vrais périls.

Concentration des populations, des patrimoines et des compétences, incitations faibles pour les dépenses de prévention, forte attractivité de l'autoassurance, désintérêt croissant pour la mutualisation des risques à mesure que les patrimoines augmentent, irrationalités nombreuses et parfois caricaturales dans la gestion collective des risques sont autant de maux profonds qui expliquent les difficultés des marchés d'assurance dommages. Les difficultés conjoncturelles liées à la trésorerie du remboursement des sinistres du 11 septembre se résorberont. Des solutions publiques seront probablement mises en place pour couvrir les menaces terroristes. Pour autant, la gestion optimale des risques ne pourra redevenir effective que si des remèdes pratiques sont trouvés à la concentration des risques. Cela passe par un intérêt plus marqué pour la réalité matérielle des risques que pour leur réalité financière. La prévention, moins qu'un cautère sur une jambe de bois ou un lieu commun des communiqués de presse lénifiants des responsables publics et des décideurs privés, doit redevenir un instrument efficace de gestion des risques en s'attachant à limiter les conséquences des sinistres catastrophiques.

Toute la théorie économique démontre que les marchés d'assurance ne peuvent s'organiser spontanément, atteindre l'équilibre et être efficients que grâce à des dispositifs réglementaires contraignants. Un débat devrait s'engager pour définir quels sont les encadrements réglementaires nécessaires pour que d'une part, sur les marchés d'assurance dommages, les contrats se négocient à partir de signaux qui expriment le plus fidèlement possible le prix du risque et que d'autre part, l'analyse financière des entreprises prenne en compte leurs risques passifs, les risques potentiels que les entreprises font courir aux tiers. Cet encadrement réglementaire pourrait permettre de retrouver une véritable rentabilité intrinsèque à la prévention et à l'assurance des risques et ainsi favoriser des gestions de risque qui s'acharneraient à réduire les conséquences catastrophiques, et chercheraient donc à diminuer la perte maximale possible.

Par ailleurs, les risques sont mondiaux, mais les personnes et les biens assurés sont essentiellement concentrés dans les pays de l'OCDE. Les marchés d'assurance ont donc besoin d'un encadrement international, d'une nature comparable à celle que le FMI prodigue aux banques centrales. Cet organisme permettrait de généraliser à l'ensemble de la planète une gestion équilibrée des risques par la prévention et l'assurance. Il serait une réponse de long terme à cette aporie manifeste de l'économie mondiale : la concentration infinie des richesses concentre infiniment les risques.

Les transports : découplage avec la croissance ?

Par Claire Dreyfus-Cloarec

Le secteur du transport est dans un rapport de proportionnalité avec la croissance. S'interroger sur les conséquences, pour le transport, du 11 septembre, c'est d'abord s'interroger sur l'évolution de la croissance et ses répercussions sur le secteur, globalement et par mode. Au-delà, la question de la rupture, pour être posée, suppose une ouverture sur la mondialisation et le possible découplage entre croissance et transport, avec des conséquences éventuelles en matière d'intermodalité.

Avant le 11 septembre, la croissance mondiale était en phase d'oscillation, plutôt orientée vers la baisse. Les économistes, dans la difficulté de prévoir la conjoncture américaine, énuméraient les lettres de l'alphabet, du U de reprise forte ou V de reprise plus étalée, au W de reprise suivie d'une rechute avant remontée, tout en souhaitant éviter le L de l'absence durable de croissance. En Europe, on commençait à reparler « trou d'air ». Le 11 septembre a clairement fait basculer le fragile édifice prévisionniste vers le bas, et le ralentissement. La métaphore se fait animalière, et on parle maintenant plus de « dos de chameau » que d'alphabet.

La conjoncture se dégrade

L'économie américaine est en récession : au ralentissement déjà en cours, le troisième trimestre 2001 a ajouté quelques jours d'arrêt, en particulier en raison de la fermeture temporaire de l'espace aérien ; la confiance des ménages fléchit, avec des conséquences probables sur leur consommation. L'économie japonaise ne retrouve aucun dynamisme propre. Enfin, en Europe, le moral des ménages se retourne progressivement sous l'accumulation des mauvaises nouvelles et la guerre en Afghanistan peut finalement l'atteindre alors qu'il avait jusqu'à présent résisté à la vache folle, à la fièvre aphteuse et à ses bûchers quasi moyenâgeux outre-Manche, aux annonces spectaculaires de plans sociaux et à la lente remontée du chômage. Trop, c'est trop, d'autant que les entreprises multiplient les mesures d'économies de frais généraux provoquant *de facto* une baisse de demande aux secteurs fournisseurs, dont le transport fait partie. Le pessimisme, au moins annoncé, est toujours plus de mise que la simple vigilance ou l'énoncé tranquille de « fondamentaux » qui restent bons, et les « non-pessimistes » sont volontiers taxés d'optimisme sous-entendu béat, ou d'incurie. En outre, forcer le trait est aussi un bon moyen de déplacer le curseur de la valeur ajoutée, voire de réaliser des économies par ailleurs difficiles à décider. Les actionnaires ne s'y trompent d'ailleurs pas et les Bourses, après un coup de froid, remontent.

Le problème est que la somme des pessimismes énoncés produit — ou peut produire — un recul effectif de la croissance. Combien « vaut » l'optimisme en termes de taux de croissance ? Certainement plusieurs dizaines de points de base.

Les économies développées étaient dans une zone grise ; elles le sont toujours, mais le gris fonce tous les jours.

DES POLITIQUES DE SOUTIEN PUBLIC AU TRANSPORT

Pour faire face à ce retournement de croissance — assimilé à tort, on l'a vu, à l'un des effets du terrorisme et devant être combattu comme tel, donc sans état d'âme théorique —, le gouvernement américain pratique une relance caricaturalement keynésienne par la redistribution budgétaire, annoncée, en particulier, aux compagnies aériennes, ou implicite (les dépenses militaires).

Les aides aux compagnies aériennes sont massives, puisqu'elles portent sur environ 5 milliards de dollars. Elles sont rapides, plus de la moitié en ayant été versée fin octobre. Elles sont nettement supérieures aux pertes annoncées par les compagnies pour le troisième trimestre et elles vont aussi aux compagnies bénéficiaires que sont les *low cost* et les compagnies spécialisées en messagerie (FedEx ou UPS). On ne saurait mieux montrer qu'il s'agit bien là d'une politique de relance, ciblée sur un secteur à l'évidence touché par le 11 septembre, mais déjà touché précédemment par le retournement de conjoncture, et qu'une politique libérale aurait dû laisser se concentrer.

Notons enfin que les aides n'empêchent pas les difficultés puisque United Airlines a annoncé un probable dépôt de bilan.

Les gouvernements européens pratiquent, ou souhaitent pratiquer, de même, notamment pour l'aide aux compagnies aériennes, les services de l'Union rappelant certes, mais discrètement, le caractère exceptionnel de ces aides, notamment aux entreprises en ayant déjà bénéficié « pour solde de tous comptes ».

La légitimité de ces réactions est, finalement, peu questionnée, les économistes libéraux et les politiques de même obédience étant comme soulagés de n'avoir rien à dire sur le sujet au nom de la solidarité face au terrorisme.

LE TRANSPORT EST DIRECTEMENT TOUCHÉ...

L'environnement économique est essentiel pour suivre le secteur des transports puisqu'il connaît une proportionnalité de l'ordre de 2 avec la croissance. En outre, sa réactivité aux infléchissements de tendance est forte. Déjà sensible avant le 11 septembre, en particulier dans sa composante transport de marchandises, à un tassement du taux de croissance, le transport est petit à petit gagné dans toutes ses composantes : le transport aérien a été arrêté, pratiquement pendant 8 jours, dans le marché américain qui représente environ 50 % du total. Il ne repart qu'extrêmement progressivement :

la crainte des attentats mais aussi, de façon plus diffuse, une sorte de « repli sur soi », contracte la demande passagers de transport aérien, notamment dans sa composante internationale. Cette contraction touche d'ailleurs largement à l'identique tout le secteur du tourisme. En outre, le contrôle renforcé des frais généraux des entreprises signifie moins de déplacements et donc moins de transport. Enfin, dans une certaine mesure, en Europe en tout cas, une partie du transport aérien s'est reportée sur les autres modes, en particulier ferroviaire et routier, déformant un peu la répartition modale de parts de marché.

... LE TRANSPORT AÉRIEN SOUFFRE LE PREMIER

Le transport aérien est très cyclique et travaille globalement à marges faibles. La crise de 1990-1991 avait, en deux ans, fait perdre aux compagnies aériennes l'équivalent des profits réalisés au cours des décennies précédentes, provoquant un fort effet de concentration, notamment aux États-Unis où, à de rares exceptions, avaient disparu toutes les entreprises nées de la dérégulation du secteur. Cette concentration avait aussi atteint quelques valeurs phares : qu'on se souvienne de la longue agonie de Pan Am et de sa disparition finale. La crise actuelle devrait avoir les mêmes effets, les difficultés annoncées de United Airlines l'indiquent. En Europe, lors de la dernière crise, le secteur était largement dominé par des compagnies publiques, ou à forte participation publique, et porte-drapeau. Il a été depuis dérégulé avec l'accentuation, classique dans ce genre d'occurrence, d'une polarisation entre compagnies renforcées et d'autres fragilisées. Cette fragilité préexistait au 11 septembre comme l'a montré la crise AOM/Air Liberté, mais l'effondrement du trafic depuis lors a conduit à des difficultés aggravées qui touchent Iberia, Sabena... et Swissair. Les aides prévues dans l'Union, mais aussi l'aide massive de son gouvernement à Swissair se borneront-elles à retarder de quelques mois des évolutions, ou feront-elles réellement obstacle à la concentration ? Le moindre des paradoxes de la crise du 11 septembre serait alors, à partir de l'exemple américain, et en contradiction formelle avec la doctrine ambiante à Bruxelles, de renouveler la légitimité des interventions publiques et en particulier celles des États dans le domaine de la politique industrielle.

... LES AUTRES MODES SUIVENT LA MÊME VOIE

Les autres modes de transport sont moins brutalement atteints que le transport aérien et ils subissent progressivement de façon plus classique les effets du ralentissement conjoncturel. Chacun, à ce stade, réagit selon sa situation de concurrence et sa flexibilité. Le transport ferroviaire connaît peu la concurrence modale et a, dans tous les cas, conservé des liens forts avec les États, ou en tout cas, leurs subsides, même en Grande-Bretagne où la faillite de Railtrack a d'autres causes, sauf peut-être d'opportunité médiatique, que le 11 septembre. Le transport routier connaît toutes les flexibilités et parvient en particulier à moduler sa part de marché pour limiter la crise, d'autant que la sagesse actuelle des marchés pétroliers ne pèse pas sur ses coûts de production. Le transport maritime est plutôt en gains de parts de marché mais subit depuis quelques mois comme les autres le ralentissement conjoncturel.

À ce stade, on reste dans un schéma classique de contraction forte en transport aérien, contraction moins visible des autres modes. La disparition de certains intervenants est probable dans le secteur aérien, essentiellement retardée par des interventions publiques. On n'est là que dans une crise, pas un scénario de rupture.

Mais les modes de transports connaissent, surtout en Europe, des interrogations sur la nature même de la croissance et son contenu en transport que le 11 septembre, mais aussi d'autres événements, sont susceptibles d'amplifier. Si rupture il y a, elle passe plutôt par ces interrogations.

Le 11 septembre, une rupture ?

Le 11 septembre est un des effets de la mondialisation et ses suites, diplomatiques, politiques et militaires, confortent la mondialisation de ses conséquences. Les Américains disent découvrir leur rôle dans la mondialisation, alors qu'ils découvrent la désanctuarisation de leur territoire.

La conséquence en sera-t-elle un regain d'isolationnisme, au sens d'un chacun-chez-soi excessivement peu probable ?

Est-elle au contraire une capacité plus grande à s'ouvrir aux préoccupations et besoins des autres, bienvenue mais là aussi peu probable, ou au *statu quo ante* après une crise plus ou moins grave, plus ou moins longue ?

TRANSPORT ET TYPE DE DÉVELOPPEMENT

Le transport, tous modes confondus, est naturellement, au-delà de la crise immédiate, très dépendant de la réponse que le monde se donnera. Le repli sur soi signifie moins de transport, l'ouverture signifie le mouvement mais aussi la prise en considération d'autres questions posées par la mondialisation, en particulier celle du développement et celle du réchauffement de la planète qui a conduit au protocole de Kyoto dont tous les pays développés sont signataires, à l'exception très notable des États-Unis. Là se trouve sans doute davantage la rupture potentielle pour le transport puisque le réchauffement conduit à la question des consommations d'énergie, dont le transport est notoirement partie prenante. On sait sur le sujet l'Europe infiniment plus sensible que les États-Unis, en particulier que leur actuel Président dont l'une des premières décisions, lors de son accession à la présidence, a été d'annoncer que son pays ne ratifierait pas l'accord de Kyoto. Or les États-Unis sont, de très loin, le plus gros consommateur d'énergie par tête. On sait aussi sur ces sujets par nature « mondiaux » les difficultés à faire se rejoindre les préoccupations exprimées par les pays développés et les besoins des pays pauvres.

Par ailleurs, le 11 septembre conduit naturellement à faire le lien entre sous-développement économique et terrorisme. Dès lors, la crise va-t-elle conduire à penser le développement économique et social des pays pauvres comme une exigence concrète de la paix dans le monde ? Ce serait, pour le transport, une chance de dynamique nouvelle, en particulier pour les modes actifs à l'international avec les pays du tiers-monde aérien, maritime et routier.

VERS LE DÉCOUPLAGE

En sens inverse, dans les pays développés, la crise va-t-elle conduire à chercher à amoindrir le lien entre croissance et transport, et au-delà à découpler croissance et transport ? Cela ne serait possible qu'en remettant en cause l'un des supports de la productivité des trente dernières années partie du « 0 stock » et du « juste à temps » pour arriver à l'externalisation du métier de la logistique. Les politiques qui ont globalement réduit les stocks nécessaires, et les ont localisés ailleurs que près des centres où ils sont utilisés, ont considérablement gonflé la demande de transport de marchandises. De même, l'externalisation de la logistique, y compris la logistique interne des entreprises au cours du process de production, a permis de délocaliser les unités de production, ce qui, à nouveau, gonfle le besoin de transport.

Dans les pays développés, la crise va-t-elle conduire à remettre en cause ou, à tout le moins, à questionner ce modèle ? Va-t-elle conduire à remplacer les déplacements physiques par des déplacements d'informations et de données ? Va-t-elle accélérer une dématérialisation de la croissance ? Le découplage peut-il aller, s'agissant des déplacements de personnes physiques, jusqu'à s'interroger sur la légitimité du droit au déplacement comme le fait la *deep ecology*, rappelant ce faisant d'assez sinistres et récents exemples de restrictions des libertés individuelles ?

Les conséquences sur le transport de telles évolutions en seraient évidentes. Elles emporteraient en outre, par zones, une probable déformation intermodale du transport, au détriment des modes créant le plus de déséconomies externes : consommation d'énergie et d'espace, pollution et encombrement. En sortiraient affaiblis les transports aériens et routiers, au profit du ferroviaire, du fluvial et du maritime, réputés plus propres.

DÉFORMATIONS INTERMODALES

Sur cet aspect, l'Europe témoigne d'une prise de conscience forte qui devrait se traduire dans les faits. La Commission indique les grandes lignes d'une politique qu'elle se propose de décliner ensuite en directives et autres textes normatifs. Elle vient en effet d'adopter un livre blanc sur les transports dans lequel elle évoque le découplage croissance/transport, et un rééquilibrage intermodal au profit du transport ferroviaire, plus compatible avec le développement durable que le transport routier. Pour ce faire, elle souhaite promouvoir l'intermodalité, c'est-à-dire le passage aisé d'un mode à l'autre, dont l'image la plus frappante est la « route roulante » : les camions sur les trains pour les longues distances ou les franchissements difficiles, tels ceux des Alpes. Ceci permet de concilier la souplesse capillaire de la route, et la capacité économe de volume du train. Ce concept existe, à une petite échelle, en Suisse. Il va être étendu, prochainement, entre la France et l'Italie, et nul doute qu'il ne rencontre une certaine popularité. Nul doute aussi qu'il ne suppose des investissements considérables. Cela conduit l'Union à envisager la taxation de la route du montant des déséconomies qu'elle engendre, de façon à contribuer au développement de modes alternatifs. Le débat sur la nature et l'évaluation des déséconomies, théoriquement insoluble, ne peut être tranché que par des décisions politiques. On y revient.

Mais chacun voit bien que de telles évolutions, développement et découplage, ne peuvent être que lentes : le modèle de croissance ne peut pas se déformer en un jour, les impacts sur l'emploi sont considérables, les infrastructures de transport sont coûteuses, et longues à compléter là où elles existent, et à réaliser là où elles n'existent pas, ou plus.

Peut-être vaudrait-il mieux penser la rupture en modification volontariste des parts de marchés dans une croissance future plus lente parce que découplée, c'est-à-dire en rééquilibrage très progressif, plutôt qu'en modifications rapides et substantielles. C'est l'optique de l'Union européenne.

En outre, ces transformations ne peuvent provenir — peu ou prou — que, non seulement de décisions, mais surtout de réalisations des États, même s'ils trouvent des relais ou des compléments privés. À nouveau, le moindre des paradoxes du 11 septembre serait de (re)mettre, en grand, le rôle des États au centre du développement économique, comme intervenants actifs et donc déformants des forces de marché. Doit-on conclure que le 11 septembre marque le retour du politique ?

Le tourisme : une industrie de paix en temps guerriers

Par Patrice Geoffron

Le tourisme est un secteur d'activité particulièrement sensible aux incertitudes actuelles et dont les acteurs ont été confrontés à des difficultés sans équivalent dans un passé récent. Les épisodes de la décennie 1990 (guerre du Golfe, attentats de Louxor...) ont surtout révélé une capacité de rebond rapide et apporté la démonstration que le tourisme est un besoin essentiel de nos sociétés modernes. Pourtant, les attentats du 11 septembre 2001 créent une crise d'un genre nouveau qui devrait avoir des effets durables tant sur le niveau d'activité que sur l'organisation du secteur.

Un secteur d'activité particulièrement sensible aux climats d'incertitude

L'assemblée générale de l'Organisation mondiale du tourisme (OMT) qui s'est tenue fin septembre 2001 à Séoul avait pour thème « Nouveau tourisme et paix ». L'orientation initiale de cette assemblée s'est trouvée dénuée de son sens après les attentats du 11 septembre, l'urgence commandant plutôt d'en cerner les effets perturbateurs sur l'ensemble de la filière touristique.

Il apparaît d'emblée que la tâche est complexe. S'il est possible d'établir, en temps « normaux », un lien mécanique entre les variations des grandeurs macroéconomiques et le niveau des activités touristiques, le problème posé est en l'occurrence tout autre. Il ne s'agit pas de savoir comment réagissent des consommateurs face à une dégradation de la conjoncture, mais, plus singulièrement, d'appréhender leur comportement face à une incertitude aiguë sur la sécurité de leur transport et de leur séjour. Cette tâche est compliquée encore par le fait que, avant le 11 septembre, le climat récessif affaiblissait déjà la demande de voyages. Après une croissance de 7,4 % en l'an 2000, l'Organisation mondiale du tourisme avait prévu pour 2001 une croissance de 2,5 à 3 %. Depuis, ces prévisions ont été corrigées et la progression annuelle ne devrait plus être que de 1,5 à 2 %. Au-delà, l'incertitude est telle qu'il est impossible de formuler des prévisions plausibles pour 2002.

En outre, il n'est pas seulement question d'anticiper les variations du niveau d'activité dans le secteur, mais également les probables effets de substitution (tourisme lointain *vs* tourisme régional, tourisme d'affaires *vs* « visioconférence »), ainsi que les adaptations contractuelles en réponse aux attentes des consommateurs (nature des risques couverts par les assurances, politique d'annulation).

L'avenir proche est d'autant plus opaque que le tourisme n'obéit pas aux « lois » économiques d'une façon totalement conventionnelle. Notamment, les prix n'ont pas nécessairement une fonction d'ajustement qui conduit les marchés vers l'équilibre. Peut-on imaginer, raisonnablement, qu'une baisse des prix des prestations pèse sur le choix des consommateurs, si ces derniers ont la conviction du danger ? Traduit en termes plus techniques, il est fort probable que l'élasticité-prix soit très faible actuellement. Un autre argument oriente dans le même sens : les offreurs de services doivent convaincre leur clientèle potentielle que leurs prestations sont sécurisées, ce qui suppose des coûts supplémentaires difficilement compatibles avec une baisse des prix. Une baisse (ou un maintien) des prix pourra alors être interprétée comme une dégradation de la qualité de la prestation par une absence de mise en sécurité !

Cette difficulté d'ajuster le marché par la variation des prix est d'autant plus dommageable que les principaux éléments qui composent les services de tourisme ne sont pas « stockables ». Une nuitée d'hôtel non allouée aujourd'hui ne pourra être placée en réserve pour constituer une capacité d'accueil supplémentaire dans l'avenir. Ainsi, selon la Travel Industry Association, il y a chaque jour 2 millions de chambres d'hôtel vides en moyenne aux États-Unis contre un peu plus d'un million auparavant. Cette comptabilité pourrait être étendue aux places d'avion, ainsi qu'à l'ensemble des services de location, des véhicules automobiles aux parasols.

Une certitude émerge cependant de l'ensemble de ces interrogations : le poids de l'industrie du tourisme est tel dans l'économie mondiale que les effets potentiels d'un attentisme des consommateurs sont considérables. Avec 4 500 milliards de dollars, cette industrie représente environ 11 % du PIB mondial et emploie 8 % de la main-d'œuvre, soit environ 210 millions de personnes[1].

Le passé récent nous éclaire sur la capacité de rebond de l'industrie du tourisme...

Puisque les lois économiques encadrent mal la future dynamique du secteur touristique, penchons-nous sur le passé en tentant de procéder par analogie. Malheureusement, la décennie 1990 comprend de nombreux exemples de conflits (Yougoslavie ou Golfe), actes terroristes (Sri Lanka, Égypte ou Turquie) ou soulèvements (Chine) ayant perturbé les activités touristiques et, donc, susceptibles de nous fournir des éléments d'appréciation.

S'il n'est ni possible — ni utile — d'analyser l'ensemble de ces événements, la guerre du Golfe de 1991 et l'attentat de Louxor de 1997 présentent des correspondances avec la situation présente. Dans le premier cas, il s'agit d'un conflit armé de grande ampleur articulé autour des États-Unis comme dans le contexte actuel. Dans le second, l'action terroriste intervient en plein sur le terrain du tourisme et, comme après le 11 septembre, crée directement le doute sur la sécurité des conditions de transport et du déroulement des séjours touristiques.

---

1. Chiffres du World Travel and Tourism Council, activités de transport comprises.

Le conflit du Golfe a duré six semaines et a laissé la trace la plus profonde dans les activités touristiques. Le tourisme international avait augmenté à un taux de 8 % durant les cinq années précédentes, croissance retombée à 1 % en 1991. Le Moyen-Orient est certes la région du monde qui a été la plus directement affectée (– 6 %), mais le ralentissement a été également très sensible en Europe (0 %). Ce coup de frein brutal s'est naturellement traduit par un fort recul des activités de transport aérien (– 5 %). Le repliement des touristes américains fut, en la circonstance, un facteur déterminant : les États-Unis ont fourni, en 1991, 300 000 passeports de moins à leurs ressortissants qu'en 1990, et 400 000 de moins en 1992. Cette désaffection a particulièrement touché l'Europe avec – 22 % de touristes américains (– 28 % en France). Mais le phénomène le plus notable est que, en dépit de l'importance internationale du conflit, le ralentissement a été de très courte durée. Dès 1992, le taux de croissance annuel du tourisme revenait au niveau faste de la fin des années 1980.

En novembre 1997, l'industrie du tourisme a été directement visée lors du meurtre de cinquante-huit touristes à Louxor au temple de la reine Hatshepsout. L'Égypte bénéficiait alors d'une croissance de 20 % par an de ses arrivées touristiques depuis 1994. L'effet a été particulièrement brutal avec une réduction immédiate des flux touristiques aboutissant à une décroissance de 13 % en 1998. Mais, une nouvelle fois — et c'est cette caractéristique qui mérite de retenir l'attention aujourd'hui —, la reprise des activités a été rapide puisque dès 1999 la croissance a été de 30 % avec, même, + 100 % pour les touristes allemands ou japonais.

Au-delà de ces deux cas, selon le Bureau international du travail, les évolutions après les conflits et autres actes terroristes des années 1990 comportent trois caractéristiques saillantes :

— Le rebond du marché du tourisme peut être rapide dès lors que les consommateurs ont acquis la certitude de la fin des événements, de sorte que l'impact ne se prolonge pas plus de une ou deux années.

— Tous les conflits n'ont pas une portée globale et les touristes peuvent opter pour de nouvelles destinations, sans nécessairement annuler leurs consommations de services touristiques. Si le conflit est très circonscrit (Égypte), la réorientation pourra se faire sur d'autres voyages interrégionaux ; s'il est plus global (Golfe), la réorientation se fera de façon intrarégionale. Schématiquement, les Européens et les Américains gardent leurs touristes localement plutôt que de les échanger. *Quid* cependant des nations qui ont une industrie touristique sans avoir de touristes locaux ?

— Tous les marchés n'ont pas la même sensibilité. Il s'avère à l'expérience que les marchés européens réagissent moins nerveusement face au terrorisme international que ceux des États-Unis ou du Japon.

... mais la crise actuelle est spécifique et produira des effets structurels

Dans quelle mesure ces observations peuvent-elles être transposées dans le contexte de la crise actuelle ? Pour l'essentiel, elles viennent nous confirmer que le besoin de voyage est profondément ancré dans nos sociétés modernes. En conséquence, l'effet de mémoire est très ténu, de sorte que chaque conflit a jusqu'alors débouché sur un rattrapage rapide et puissant.

Mais la question devient : n'est-on pas en présence d'une crise d'un genre nouveau dans laquelle les consommateurs réagiront différemment ? Dans les cas pris en exemple, les consommateurs ont toujours pu modifier leurs destinations vers des régions jugées sans risque. En revanche, les attentats du 11 septembre ayant touché le cœur de New York, plus aucune destination ne peut être considérée comme en dehors de l'espace potentiel du conflit, puisque cet espace même n'est pas cerné. Dans le même ordre d'idées, comme cette guerre n'a pas été déclarée, qu'est-ce qui permettra, comme lors de la guerre du Golfe, de dire que le conflit est achevé ? Si le retour de la paix est l'ingrédient indispensable du retour à la normale, il sera difficile de donner au touriste en puissance des garanties de cette paix.

C'est pour cette raison que des effets structurels se manifestent d'ores et déjà. Les acteurs du tourisme anticipent le fait que, même avec un arrêt du conflit afghan début 2002, le rebond ne pourra pas être quasi immédiat, comme dans les exemples cités. La conviction se diffuse donc de la nécessité d'adapter les capacités de production ou, tout au moins, de repousser certains projets d'investissement. Certains leaders de l'industrie hôtelière américaine comme Marriott International ou Starwood Hotels ont ainsi décidé de surseoir à des investissements importants. Ces adaptations sont également observables du côté de la clientèle d'entreprise qui recourt de plus en plus à la vidéo ou visioconférence comme substituts aux voyages d'affaires. Dans une période où les entreprises traquent les frais généraux pour se préparer à traverser une récession, les budgets du tourisme d'affaires sont en outre des proies tentantes.

Enfin, la crise actuelle doit aussi être envisagée non seulement dans sa durée, mais également dans sa profondeur pour 2002. Dans le cas de la guerre du Golfe, nous avons vu que les conséquences ont été très marquées, mais, au total, que la croissance est restée positive (1 %) en 1991. Au jour d'aujourd'hui, rien ne permet d'écarter totalement que le conflit puisse déboucher sur un très fort recul de l'activité sur une année entière. Le World Travel and Tourism Council a réalisé une simulation sur la base d'un recul de la demande de tourisme et de transport de 10 % en 2002. La conséquence globale serait une perte de 8,8 millions d'emplois (compagnies aériennes, hôtels, tours-opérateurs, loueurs de voitures, compagnies de cartes de crédit...). Ce choc se traduirait par un recul de 1,9 % du PIB de l'Union européenne (– 1,2 million d'emplois) et de 1,8 % aux États-Unis (– 1,1 million d'emplois).

Quand l'incertitude menace le marché même : le flight to security *des touristes*

Un économiste américain, George Akerlof, s'est vu décerner en octobre 2001 le prix Nobel d'économie pour un travail sur le fonctionnement des marchés selon l'information dont disposent les acteurs. À partir d'un article de 1970 resté célèbre sur le marché des voitures d'occasion, il montre comment, si acheteurs et vendeurs ne possèdent pas les mêmes informations sur la qualité des véhicules, le fonctionnement même du marché peut être bloqué. La situation du marché du tourisme nous semble présenter quelques analogies avec celle analysée par George Akerlof : les acheteurs potentiels ne connaissent pas tous les éléments de la qualité des prestations touristiques puisque la garantie totale de leur sécurité (élément de qualité important !) ne pourra pas leur être accordée. Pire encore, à la différence des voitures d'occasion, le vendeur lui-même ne sait pas parfaitement quelle est la « qualité » de sécurité offerte. Comment le saurait-il de façon certaine alors que les chefs d'État des nations militairement les plus puissantes du monde prévoient un conflit long, dont le théâtre des opérations et les formes d'action sont mal définis !

S'il ne s'agit pas d'envisager le blocage du marché du tourisme international, la situation actuelle devrait durablement conduire les touristes à rechercher la qualité essentielle à leurs yeux qu'est la sécurité des conditions de transport et de séjour. Si nul (les offreurs de services pas plus que les gouvernants) n'est en mesure de leur offrir cette garantie, la conséquence sera très certainement un repli durable du tourisme sur une base locale ou intrarégionale. Cette forme de tourisme, dans un tel contexte, présente en effet une série d'avantages : primo, par définition, les trajets sont plus réduits, ce qui diminue les dangers, réels ou supposés, attachés au transport ; deuxio, plus les trajets sont courts, plus l'avion est susceptible d'être remplacé par d'autres modes de transport moins attachés au souvenir collectif du 11 septembre ; tertio, les touristes ont raisonnablement le sentiment de réduire l'incertitude en voyageant « près de chez eux » dans un cadre qui leur reste plus familier.

Ce comportement correspond, ni plus ni moins, au *flight to quality* des opérateurs financiers en temps de crise. Souvenons-nous de la crise asiatique de 1997 et de ses répercussions vers la Russie et l'Amérique latine : les capitaux liquides ont alors trouvé refuge sur les places ou les produits financiers jugés les plus sûrs. Les touristes développeront, eux, assez rationnellement, des comportements de *flight to security* en recherchant les modes de transport jugés les moins risqués et les environnements les plus rassurants.

La flexibilité est la réponse classique à l'incertitude

Il n'y aura pas d'autre élément dans l'alternative : soit le conflit prend fin rapidement et nous pourrons assister à un rebond de la croissance du tourisme international (certes plus lent que celui postérieur à la guerre du Golfe), soit des incertitudes lourdes demeurent et nous nous orienterons vers un tourisme plus « autocentré », c'est-à-dire fondé sur une dynamique intrarégionale. Ce scénario d'un mode de développement autocentré, même s'il peut être associé à une croissance des volumes globaux, est très préoccupant pour les opérateurs de services dont le capital est peu flexible : comment un groupe proposant des clubs de vacances répartis dans le monde entier peut-il réajuster ses capacités d'accueil en fonction de cette nouvelle donne ? De la même manière, comment les compagnies aériennes peuvent-elles répondre à des besoins de moyenne distance avec des flottes faisant aujourd'hui une part importante au long courrier ? Les effets de cette rigidité transparaissent déjà dans les faillites ou les difficultés manifestes de certaines compagnies aériennes ou de tours-opérateurs. La violence du choc produit d'ores et déjà un écrémage du marché : les acteurs les plus faibles sont poussés vers la sortie, rachetés ou conduits à s'associer, ce qui aboutira à une montée de la concentration de façon mécanique.

Nous sommes en présence d'un problème très classique : plus les temps sont incertains, plus les acteurs ont besoin de flexibilité. Les consommateurs de services recherchent de la flexibilité en demandant de pouvoir reporter, modifier ou annuler plus facilement leurs projets touristiques. Les producteurs de services sont finalement dans la même attente : tout investissement lourd (extension d'une flotte aérienne ou d'un parc hôtelier) peut devenir, si l'incertitude actuelle débouche sur une modification profonde des pratiques touristiques, un investissement irrécupérable.

Retenons toutefois que l'Organisation mondiale du tourisme a maintenu ses prévisions à long terme et considère toujours le développement du tourisme comme un facteur économique dominant de ce début de siècle. Le taux de croissance moyen annuel devrait être de 4 % jusqu'en 2020, de sorte que le nombre de voyageurs franchissant leurs frontières pourrait passer de 700 millions en 2000 à 1,5 milliard à ce terme. L'OMT veut ainsi encore croire en l'association du tourisme et de la paix.

Quel rebond pour les nouvelles technologies ?

Par Dominique Namur

La valorisation boursière des nouvelles technologies amplifie naturellement les cycles de l'ensemble des activités économiques. Depuis quelques années, elle reflète la progressive maturité de la nouvelle économie.

Après l'éclatement de la bulle, la phase actuelle de consolidation s'inscrit dans le réalisme économique. Les événements du 11 septembre accentuent cette évolution. Ils affirment le rôle des États dans la conduite d'une politique technologique cohérente et instaurent de nouveaux rapports avec les pays du Sud.

Les nouvelles technologies endossent un rôle ambigu dans les événements du mois de septembre, tant remèdes idéalisés qu'outils au service d'intentions fourvoyées. L'apparente concomitance de ces événements avec l'évolution du prix des titres financiers représentatifs de ces activités pourrait, à tort, y attribuer une relation directe de cause à effet. Peu importe le sens de la causalité supposée puisque notre propos est de démontrer qu'en dépit des apparences, il n'en existe aucune. D'une part, les activités de haute technologie, *a fortiori* les nouvelles, sont ambivalentes et faillibles par nature : l'histoire de l'atome ou de la conquête spatiale l'ont déjà démontré. D'autre part, elles sont animées de dynamiques industrielle, concurrentielle et boursière spécifiques. Il n'y a d'ailleurs pas parfaite équivalence entre haute et nouvelle technologie : la première renvoie à la complexité du contenu, la seconde à sa dynamique historique. Dans le cas présent, les nouvelles technologies peuvent être assimilées pour l'essentiel aux technologies de l'information et de la communication (TIC) : transferts de données à haut débit par réseaux hertziens (UMTS) ou filaires (Internet), cryptage, stockage et reconnaissance. Les activités productives et commerciales qu'elles ont engendrées, les TMT, dépassent largement à ce jour, en chiffre d'affaires et en emploi, celles issues des nanotechnologies, des biotechnologies ou de la génétique.

Mais au-delà de la technologie même, c'est bien le caractère de nouveauté et la dynamique qui y est associée qu'il convient d'interroger face aux événements récents. Comment interpréter la valorisation boursière des nouvelles technologies et, en particulier, celle de la nouvelle économie, depuis le mois de septembre ? Le point de vue défendu ici est qu'elle reflète un processus normal de consolidation, intrinsèque à une maturité technologique et concurrentielle progressive ; à l'opposé, elle ne traduit en aucun cas une rupture fondamentale ou une quelconque relation avec les événements du mois de septembre. Trois étapes caractérisent ce cycle boursier : une première phase euphorique, suivie d'un krach d'abord très ciblé puis généralisé à toutes les valeurs, pour finalement déboucher sur une nouvelle phase de consolidation. Celles-ci sont elles-mêmes à rapprocher de leur contexte macroéconomique et de la qualité des données financières microéconomiques. Enfin, les conséquences de ce cycle et des événements de septembre sur les nouvelles technologies sont à évaluer à deux niveaux : en tant qu'industrie structurée, illustrée ici par le cas de l'UMTS, et en tant que pratique de la recherche et du transfert technologique.

L'euphorie des TMT et la bulle technologique

L'ambitieux programme des « autoroutes de l'information » aux États-Unis et le succès du GSM en Europe ont progressivement sensibilisé les investisseurs aux potentialités des TMT. Des éléments objectifs, fondés sur le passé technologique et commercial des télécoms, se sont mêlés à des projections plus incertaines, comme le télétravail, le commerce par Internet, une révolution technologique et culturelle ou l'espoir d'une forte plus-value boursière, pour alimenter un afflux continu de capitaux sur ces valeurs. Le positionnement quasi systématique à l'achat a enclenché une dynamique de valorisation autoentretenue et déconnectée de tout prix objectif : une bulle. En théorie, celle-ci est d'autant plus probable que les fondamentaux, en particulier les *cash flows* futurs, sont aléatoires. Or la nouvelle économie, si elle revendique une affiliation avec les activités traditionnelles de télécommunications, n'en demeure pas moins un nouveau domaine d'activités commerciales, tant par ses méthodes que par son objet même, à savoir des immatériels. Les analystes financiers sont parfois eux-mêmes perplexes face à l'utilisation de critères de valorisation pertinents à l'échelle d'une entreprise (croissance comparée des profits et de la production, hausse des parts de marché), mais incohérents au niveau de l'industrie tout entière. Il y a ici cumul d'incertitudes en raison de l'absence, d'une part, de données historiques comparatives, d'autre part, de modèle approprié d'évaluation pour des actifs plus difficiles à évaluer que des actifs physiques.

Finalement, le seul élément qui semble objectif reste la position dominante. Être le premier entrant sur le marché, détenir la part de marché la plus importante et réaliser le chiffre d'affaires le plus élevé justifient alors toutes les opérations de croissance externe, pour des montants parfois astronomiques. De mi-1999 à mi-2000, les fusions-acquisitions dans les TMT auraient représenté près de 1 200 milliards de dollars, dont près de la moitié pour les télécoms, les seuls rachats de VoiceStream par Deutsche Telekom ou d'Orange par France Telecom se montant respectivement à près de 33 et 40 milliards. En dépit de validations techniques et de demandes effectives encore incertaines, en particulier dans le cas de l'UMTS, l'effet de prisme exercé par le succès de la gestion en ligne de comptes boursiers, la poursuite d'un cycle de croissance exceptionnellement long et une politique monétaire expansionniste aux États-Unis pérennisent la hausse des actifs liés aux nouvelles technologies. Cet enrichissement patrimonial autorise un endettement croissant, qui relance à son tour la consommation de biens et l'investissement dans d'autres actifs financiers, validant *ex post* la hausse initiale (canal du crédit). Après une hausse ininterrompue depuis octobre 1998, le NASDAQ, indice représentatif des activités technologiques, progresse brutalement de 95 % du début octobre 1999 à fin mars 2000, entraînant dans son sillage les indices boursiers continentaux : le CAC et le DAX augmentent respectivement de 42 et de 54 %. La hausse ne se limite pas au secteur des TMT : Genset, entreprise française de biotechnologies, voit son cours multiplié par 10 sur la même période.

Un krach rampant qui se diffuse rapidement

Après une période de consolidation, les attributions de licences UMTS au cours de l'année 2000, en particulier au Royaume-Uni et en Allemagne, vont amener les investisseurs à s'interroger sur le niveau global d'endettement des TMT. La hausse consécutive du coût des crédits bancaire et obligataire pour les opérateurs télécoms et, simultanément, la réalisation par les fonds de pension et les FCP d'une part de leurs plus-values sur les valeurs TMT commencent à opérer des pressions à la baisse à partir d'octobre 2000. Une prise de conscience très progressive de la précarité de la valorisation et de l'endettement élevé du secteur servira d'amortisseur à la chute ininterrompue des prix qui s'amorce. Des éléments négatifs commencent à apparaître clairement : une maîtrise insuffisante des technologies choisies, des plans de charge trop ambitieux, l'existence de technologies potentiellement concurrentes, l'existence d'une demande solvable face aux prix de vente nécessaires à l'amortissement des investissements. Les dépenses croissantes associées aux recettes reportées dans le temps engendrent des décalages de trésorerie de plus en plus coûteux en frais financiers. Les effets psychologiques qui avaient porté les valeurs technologiques à des sommets, amplifiés par le canal du crédit, vont jouer en sens inverse : en l'absence de certitude sur les plans de charges des opérateurs télécoms, des équipementiers ou des entreprises de biotechnologies, les marchés s'assèchent en liquidités, enclenchant une phase de dévalorisation généralisée.

Les petites firmes endettées, moins pourvues en trésorerie, sont les premières touchées : les cours de Genset ou ceux de l'opérateur historique néerlandais de télécommunications sont divisés par plus de 9 de mars 2000 à janvier 2001. Suivent peu après les grands opérateurs continentaux : les cours de France Telecom et de Deutsche Telekom sont divisés par

5 sur la même période, après avoir vainement cherché une résistance en janvier puis fin avril 2001. Les autres opérateurs européens, dont les ardeurs de croissance plus raisonnables avaient contenu l'endettement, limitent la chute de leur cours à une division par 2,5 de mars 2000 à fin août 2001. Il en est de même pour l'opérateur historique japonais, NTT, qui a opté pour une évolution graduelle vers l'UMTS en s'appuyant sur le succès commercial préalable d'une application Internet mobile « bas de gamme ». Après avoir apporté momentanément un relais de croissance au NASDAQ, les équipementiers européens et japonais constituent la troisième vague de firmes affectées par la dévalorisation boursière. Elles sont victimes du ralentissement de leurs débouchés mais aussi, dans le cas des entreprises européennes et américaines, de la détérioration de leurs trésoreries consécutive aux crédits clients accordés aux opérateurs. Fondamentalement, la situation des entreprises de nouvelles technologies s'est donc fortement dégradée, mais semble aussi victime d'un renversement de l'irrationalité des marchés. C'est dans ce contexte que les événements du 11 septembre surviennent. Ils vont susciter des réactions de la part des marchés et des autorités qui vont paradoxalement faciliter une restructuration déjà en œuvre.

Une nouvelle phase de consolidation

La valorisation boursière des TMT a touché mi-septembre un point bas et reprend depuis une croissance lente et moins heurtée. Dans le secteur des télécoms, la dynamique concurrentielle conduit à une consolidation de l'offre entre opérateurs et à un rééquilibrage des forces au sein des équipementiers. La première consolidation est intersectorielle et touche simultanément tous les intervenants des télécoms. Les technologies concurrentes ou complémentaires à l'UMTS se précisent et amènent de nouveaux acteurs périphériques : éditeurs de systèmes d'exploitation, fabricants informatiques et électroniciens, qui possèdent une expertise dans les logiciels, les interfaces matérielles ou les microprocesseurs, transposable aux différents standards de réseaux sans fil (UMTS, Bluetooth, UWB, 802.11). La seconde consolidation est intrasectorielle. Après la croissance extensive, les opérateurs s'engagent dans une course à la rationalisation des infrastructures et des dépenses réalisées : cession d'actifs non stratégiques, réduction des effectifs, partage d'infrastructures entre concurrents, clarification des liens capitalistiques et élimination des firmes les moins rentables, arrêt de la conquête effrénée de nouveaux marchés en l'absence de base de clientèle déjà installée. En dépit de leur coût social et financier, les marchés financiers accueillent avec soulagement ces mesures de rationalisation et la fiabilité retrouvée des prévisions d'exploitation. Plus généralement, un tri progressif s'effectue entre activités de haute technologie dont le potentiel s'affirme et celles dont la croissance paraît désormais sans réel cœur de métier (sites Internet purs) ou ponctuellement bloquée.

Le redressement plus lent des équipementiers télécoms doit relever plusieurs défis : un endettement coûteux car négocié après l'assèchement des liquidités bancaires et obligataires par les opérateurs, des budgets de R&D grevés par une trésorerie immobilisée chez la clientèle en attente de produits, l'arrivée de nouveaux concurrents, un métier dont la maîtrise technologique requiert un éventail de plus en plus large de compétences pointues. Dans un premier temps, les équipementiers tentent de préserver leur indépendance en recourant à toutes les solutions, y compris les plus extrêmes : licenciements parfois massifs, vente de départements complets, externalisation de production, voire abandon de la production de mobiles. Mais, en dépit de cette épuration progressive, il est probable qu'une consolidation intrasectorielle, ou du moins un bouleversement de la hiérarchie, s'opère. Les groupes japonais paraissent les mieux positionnés : l'endettement limité des opérateurs nationaux, le succès local de l'Internet à bas débit et des compétences héritées des activités d'électronique grand public ont permis la constitution progressive d'une avance technologique. Après l'échec des équipementiers européens lors du dernier appel d'offres de NTT pour la fourniture des premiers terminaux UMTS, le rapprochement des industriels japonais avec leurs homologues européens (Sony/Ericson, Alcatel/Fujitsu), après celui des opérateurs (NTT/KPN), témoigne d'une suprématie désormais contestée. Le positionnement des groupes nord-américains reste plus confus, même si, là encore, les groupes japonais reprennent l'initiative.

Du pragmatisme industriel...

En Europe, la structure de marché qui devrait émerger au sein des opérateurs télécoms sera en phase avec le cycle des innovations : leur foisonnement aura d'abord stimulé une forte concurrence, puis une période de croissance extensive avec son lot de faillites, pour se stabiliser ultérieurement par une rationalisation des capacités productives et financières à travers des situations oligopolistiques. Les États n'ont pas remis en cause la dynamique concurrentielle intrinsèque du secteur des TMT — acceptant même le partage d'infrastructures perçu auparavant comme contraire à la concurrence —, ni l'émergence de groupes supranationaux entre l'Europe, le Japon, les États-Unis et l'Amérique latine. Au contraire, les événements de septembre semblent avoir incité à plus de réalisme économique. Le cas français est significatif : ce n'est pas tant la division par 8 du coût des licences UMTS, à la mi-octobre 2001, qui rétablit la situation des opérateurs que le symbole d'un État qui intègre l'évolution boursière et de la conjoncture dans la conduite de sa politique économique. Ce pragmatisme, auquel les marchés financiers ont été très sensibles, fait des émules au Portugal, avec le report d'un an du lancement commercial de l'UMTS, et en Italie, avec une probable révision du prix des licences. Mais l'hétérogénéité des procédures d'attribution des licences, la guerre larvée entre équipementiers européens, les excès du calendrier réglementaire et, finalement, le refus persistant de certains pays d'ajuster leurs exigences financières initiales soulignent le véritable échec de l'UMTS : l'absence de coordination communautaire pour des enjeux industriels porteurs d'avenir.

Étant entendu que la valorisation des nouvelles technologies est intrinsèque, quelle contribution peuvent-elles apporter à une croissance mondiale plus sereine ? Les aspects de la sécurité qu'elles abordent sont nombreux mais ne doivent pas faire l'objet d'une analyse ou d'une réglementation simplistes. L'attention portée subitement aux systèmes électroniques de sécurité informatique (détection d'intrusion sur réseaux, authentification de document et certification électronique) ou de personnes (surveillance vidéo, systèmes biométriques d'identification, visioconférences, achat et livraison à domicile) représente certes un élément de réponse. Mais le risque technologique ne se réduit pas à ces seules dimensions, parfois simples « redécouvertes » de vérités premières (les télécommunications sont, par essence, une alternative aux déplacements physiques). Dans le cas des réseaux de télécommunications, les véritables enjeux concernent la sécurisation des paiements en ligne, condition indispensable (avec l'accès forfaitaire illimité) au développement du e-commerce. Plus généralement, si les TIC présentent l'apparente contradiction entre un fort potentiel économique et la décentralisation d'une éventuelle menace technologique (à l'opposé des missiles nucléaires), elles ne valident pas pour autant une réponse purement répressive. Les contrôles centralisés, directs (participation majoritaire au capital, filtrage des points d'accès et des contenus) ou indirects (encadrement législatif), sont limités techniquement et sur le plan éthique.

... à une reformulation du rôle des États

Techniquement, les systèmes avancés de surveillance généralisée (type réseau Échelon de la NSA) engendrent, d'une part, un volume exponentiel de données en total décalage avec la capacité réelle de traitement, d'autre part, des parades efficaces parfois rudimentaires (cryptage, stéganographie, portables jetables, boîtes aux lettres anonymes). L'analogie avec la « lutte sans fin » virus/antivirus informatiques est ici forte. De plus, le détournement d'une haute technologie (un avion civil) reste possible avec des moyens humains et financiers très limités. Surtout, ces tentatives ne deviendront que plus vaines avec la miniaturisation accélérée des futures vagues technologiques (nanotechnologies, biotechnologies). Moralement, le risque est de légitimer les atteintes aux libertés individuelles : ainsi, la nouvelle loi antiterroriste entrée en vigueur fin octobre aux États-Unis autorise une large extension des écoutes des communications téléphoniques et informatiques, avant même la réception par leur destinataire (système Carnivore). Non seulement cette dérive procure un sentiment de sécurité sans réel fondement, mais elle justifierait *ex post* les attitudes les plus totalitaires en ce domaine (surveillance physique ou interdiction des accès Internet), d'autant plus dommageables dans les pays du Sud qu'elles accentueraient le décalage avec les pays développés. Enfin, cette utilisation des technologies reste discutable en termes de développement partagé, voire peut être dévoyée à des fins moins avouables (espionnage économique ou politique).

La principale contribution des nouvelles technologies à des relations internationales stables est plus constructive et qualitative. Elle consiste à appliquer les capacités de l'outil, en particulier les communications, à une production de richesse plus partagée. Ceci nécessite tout d'abord une législation cohérente au niveau international : le contrôle de la diffusion des hautes technologies dans les zones sensibles ou de leur utilisation à des fins répréhensibles n'est viable que collectivement. Elle suppose ensuite de mettre en valeur le potentiel marchand des pays du Sud. Les TIC permettent une meilleure gestion des flux de productions délocalisées et une extension du « juste à temps » à la sous-traitance internationale, d'autant plus aisées que les biens sont immatériels et transférables par réseaux de télécommunications, typiquement de la saisie de données informatiques et textuelles (Afrique du Nord) au génie logiciel (sous-continent indien). Elles constituent aussi un puissant outil de promotion commerciale des productions locales, une place de marché à la dimension de pays entiers, à l'instar de celle inaugurée fin octobre 2001 par le Département américain du Commerce. Enfin, elles représentent l'opportunité d'un marché d'infrastructures, rentable pour les pays fournisseurs (la Chine est devenue le premier marché mondial) et les pays d'accueil, bénéficiaires d'un modèle de développement plus économe en stock d'actifs physiques que celui des pays occidentaux. Plus généralement, l'accès à l'information, à l'éducation et aux cultures étrangères que représentent les TIC est un vecteur d'intégration à l'échelle mondiale : les investissements et subventions des pays industrialisés dans les réseaux des pays du Sud doivent relativiser le coût financier par l'amortissement social induit.

Si les événements de septembre n'auront pas remis en cause la logique économique dans le domaine des nouvelles technologies, ils confirment par contre que leur rôle moteur dans le développement a pour contrepartie un risque intrinsèque. De plus, à la différence des secteurs classiques, leur caractère spectaculaire amplifie, souvent artificiellement, le symbole de richesse. Il importe donc de se donner les moyens fiscaux, financiers, industriels et internationaux pour que les nouvelles technologies assument pleinement cette fonction économique. La maîtrise de l'ensemble des retombées doit, par ailleurs, intégrer une réflexion préalable à leur développement, à l'exemple de celle conduite sur la bioéthique. Globalement, une vision cohérente à long terme est indispensable à la réussite de ces objectifs : les stratégies japonaise et coréenne pour les générations futures de télécoms confirment le rôle de la cohésion de l'ensemble des acteurs. Les marchés financiers, passé les périodes de tâtonnements caractéristiques de la stabilisation des nouveaux modèles d'entreprise, finissent par intégrer cette cohérence. Dans le cas de l'Europe, le déficit se situe peut-être à ce niveau, et non à celui des capacités d'innovation : après l'échec relatif de l'UMTS, la nouvelle génération d'avions militaires constituera le prochain test de sa capacité à maintenir une industrie performante indépendante. Si l'Europe est incapable de surmonter des défis internes, sa crédibilité à gérer l'enjeu des hautes technologies au-delà de ses frontières sera affaiblie, alors que ses liens culturels et économiques avec les pays du Sud pourrait lui conférer un avantage décisif sur les États-Unis.

III

RISQUES ET INCERTITUDES

Le risque de la rentabilité

Par Jean-Paul Betbèze

Les événements qui secouent le monde depuis le 11 septembre trouvent une part de leur origine dans la dynamique même de l'économie de marché, qui devient désormais plus globale, plus patrimoniale, plus financière. Elle implique une dynamique qui allie plus de croissance et plus de volatilité en son centre, mais beaucoup plus d'écarts de situation à sa périphérie. La croissance y est plus faible, la chute plus rude. Tout ceci peut difficilement continuer.

La croissance ne peut être soutenable au centre que si elle se préoccupe de ses modalités à sa périphérie. Cela implique des régulations comptables et financières nouvelles, un meilleur traitement de l'information partout, une autre attitude vis-à-vis des actionnaires salariés, mais aussi des interventions spécifiques, organisées par grandes régions.

Il peut en sortir une croissance qui pourrait être plus faible en son centre, mais avec moins de volatilité ; et l'inverse ailleurs. Rendement et risque : il faut savoir ce que l'on veut, c'est-à-dire la combinaison qu'il nous faut.

Ce n'est pas à la victime d'excuser le terroriste ; mais c'est à elle d'en comprendre la logique, et plus encore les motivations. Pour se protéger au moins, pour réagir mieux encore. Parler de folie ne suffit pas ; s'inquiéter de ceux qui veulent, à tout prix (et quel prix !), nous convaincre, à défaut nous affaiblir, et si possible mortellement, reste partiel, en tout cas inopérant. Il faut plutôt comprendre les bases économiques des actes et discours du terroriste, ce qui explique le soutien économique et idéologique dont il bénéficie, soutien qui est la source de son pouvoir d'influence et de nuisance.

C'est ainsi que l'on peut penser que la dynamique actuelle du capitalisme fournit par contrecoup, économiquement, socialement, géographiquement, en polarisant la richesse, un prétexte à l'action terroriste. C'est le riche contre le pauvre, le matériel contre le spirituel et, sans doute aussi, les religions perçues comme « vivant avec l'argent » contre celles qui professent de s'en émanciper, de s'en défendre, et les pauvres avec.

Cet argent, il n'est pas impossible que la forme actuelle de sa recherche, par le taux de rentabilité souhaité et la méthode employée, conduise à une situation certes efficace à court terme, mais aussi plus problématique dans sa sélectivité, sa rapidité, sa brutalité. Il s'agit ainsi de savoir pourquoi et comment fonctionne le processus même de l'argent, comment donc il est possible de le faire évoluer en interne, mais aussi de le répandre, afin que cette base économique, avec les contradictions et tensions qu'elle fait naître, ne soit plus exploitable par le terroriste lui-même.

La nouvelle norme de rentabilité

Nous savons, c'est même le fondement de la théorie économique, qu'il faut toujours arbitrer entre risque et rentabilité pour mener nos choix. Arbitrer, c'est apprendre à vivre avec l'un et l'autre, risque et rentabilité, dans des dosages différents bien sûr, dosages dépendant du moment, des informations, de sa propre situation, du jugement des autres et de l'attitude que l'on a, précisément, face à ce jugement des autres. La rentabilité vient du rapport entre le résultat que nous voulons atteindre et les moyens mis pour cela, à savoir le capital. Quant au risque, il se manifeste par l'écart entre les résultats possibles et leur moyenne. En interne, la firme peut ainsi calculer différentes trajectoires dans lesquelles elle peut entrer. Elle figure alors des scénarios, les probabilise et calcule ainsi, pour son compte propre, une sorte d'espace de ses rendements futurs, donc de son risque. Mais ceci, quand bien même ce serait fait, ne sort jamais à l'extérieur, dans le marché. La plupart du temps, la firme se donne plutôt une norme *ex ante* de rentabilité.

Se donne, en fait : reçoit. Cette norme inclut une prime de risque standard, qui filtre les investissements. Cette prime vient de la rentabilité moyenne calculée sur les titres (rendement et plus-value anticipée), moins le rendement des obligations gouvernementales, vécues comme le placement sans risque. Dans le cas français, cette prime s'établit actuellement à près de 5,8 % (septembre 2001 sur la Bourse de Paris). D'autres calculs donnent même des chiffres supérieurs, de l'ordre de 6 à 8 %. C'est dire que le placement normal en action doit rapporter de 12 à 14 %. Comme on le voit, nous ne sommes pas bien loin de la norme de 15 % qui est, de plus en plus, demandée par les investisseurs et intégrée souvent dans les entreprises, avec même un chiffre supérieur, de façon à se donner les moyens de vraiment *délivrer* ces fameux 15 %.

Pour autant, un tel chiffre ne va pas sans problème, car trouver des projets qui rapportent 16 à 18 % constitue un barrage considérable. Cela empêche le plus souvent les projets les plus longs et les plus ambitieux. Les plus longs, car le risque est évidemment plus grand dans la durée, si les marchés se retournent, si des innovations interviennent, si les comportements se modifient, si des règles ou des normes nouvelles se développent... Plus la norme de rentabilité est élevée, plus l'instabilité des comportements, règles, attitudes, conduit à raccourcir le champ des décisions. Les projets les plus ambitieux sont plus affectés encore, ceux qui parient sur des changements de comportement, anticipent des évolutions, et ne peuvent donc se fonder sur des historiques, des logiques de diffusion, des « grignotages » de parts de marché.

Au fond, la recherche d'un taux de profit élevé est plus conservatrice qu'émancipatrice. Elle conduit d'abord à reprendre, dans l'histoire du secteur ou des firmes, les techniques et procédures qui ont le mieux réussi et, plus encore, à les présenter comme des modèles aux marchés, c'est-à-dire aux analystes des valeurs. Conseils et experts d'une part, analystes d'autre part, connaissent ainsi les « choses » qu'il faut faire, les *best practices* à suivre : couper les activités de siège, réduire les fonctions dites de support, diminuer ou arrêter les activités les moins rentables, se cantonner aux marchés où l'on est un acteur marquant, se spécialiser dans les métiers où l'on est soi-même le meilleur, ou parmi les meilleurs, et vendre le reste. Réduction du portefeuille d'activités, investissement et amélioration restreints mais renforcés dans quelques domaines : l'entreprise prend le contre-pied de la logique des années 1970, celle de la matrice BCG (Boston Consulting Group), où les activités naissantes étaient financées en interne (et à l'abri des regards), par les activités mûres (les « vaches à lait »). Dans un tel contexte, les firmes sélectionnent désormais des chaînes de production/distribution aussi pures que possible, comparables à d'autres donc, pour améliorer encore leur performance et leur efficacité. Ce faisant, elles deviennent elles-mêmes des produits. Le capital, au lieu d'intégrer, au sein des limites de la firme, des activités qui sont autant de moyens de sa rentabilisation, se situe alors à l'extérieur, en position de choisir des firmes qui sont devenues autant de moyens analysables, comparables, transparents et lisibles, pour rentabiliser du capital.

Nouvelle norme de rentabilité et volatilité accrue

Dans un tel contexte, la concurrence ne peut guère que croître et fragiliser la dynamique du tout. Que croître, puisque les firmes deviennent elles-mêmes des produits homogènes, et donc comparables, et que le marché des firmes fonctionne davantage. Fragiliser la dynamique du tout, puisque les responsables d'entreprise vont tenter de réduire le capital engagé en s'endettant davantage et/ou en rachetant leurs titres, tandis que le marché des entreprises va conduire de son côté à plus de rachats payés plus en papier, ce qui réduit la base en fonds propres de l'économie dans son ensemble. Dans un tel contexte, la croissance est supérieure dans les phases de boom, mais davantage susceptible d'abriter des bulles et de connaître des contractions d'autant plus fortes que la correction boursière peut être plus sévère, avec des fonds propres plus réduits. Sous la pression d'un taux de rentabilité plus fort, la croissance réelle devient ainsi plus volatile, et plus encore la dynamique boursière.

En même temps, cette double instabilité, réelle et financière, affecte les conditions de partage de la valeur ajoutée et l'emploi. Il est ainsi clair que la phase de boum voit croître les profits courants, d'autant que les nouvelles façons de rémunérer les cadres, et de plus en plus les employés, intègrent des *long term incentives* dont la valorisation est évidemment de plus en plus instable. L'intégration Bourse-activité, située en amont des schémas de décision des entrepreneurs mis sous la pression des gestionnaires de patrimoine (fonds de pension, investisseurs institutionnels), se retrouve aussi en aval, avec une volatilité accrue de la demande, notamment en biens supérieurs (pour reprendre la vieille expression).

Volatilité accrue et polarisations accentuées

Dans un tel contexte, le processus de concentration ne peut que se poursuivre. Concentration des entreprises d'abord, des lieux et systèmes de financement ensuite. Les mouvements plus tranchés du capital boursier, représentatifs de produits « firmes » plus purs, permettent de mieux comparer les efficacités des divers sites productifs, d'en acheter aussi, au mieux et au plus vite, en cas de retournement, à ces moments où le « capital vieux », installé, vaut moins que le capital neuf, celui qu'il faudrait pour lancer une opération semblable. Dans le contexte récent, on a même vu des entreprises dont la valorisation boursière était inférieure à la trésorerie ! Dans ce type de situation, la concentration financière se poursuit ; elle s'accélère même dans les phases de retournement.

Ensuite, cette évolution des entreprises sous la pression croissante des marchés d'actions ne va pas sans affecter, à son tour, les banques et places où ces titres se traitent. Les banques d'abord, que l'on pensait exclues de ce jeu de la finance directe, la fameuse désintermédiation devant les marginaliser, y sont en réalité plus présentes que jamais. Dans la phase de valorisation « classique », autrement dit par extension de l'activité, ou dans sa phase financière, par rachat de titres ou recours à l'endettement, ce sont en effet les banques qui montent les opérations. Elles qui financent une part de l'endettement, ou, s'il s'agit de financement obligataire *corporate*, qui participent à sa distribution (à la vente du papier à des investisseurs). Mais on sait bien que cette logique de désintermédiation n'a pas de sens si, en même temps, les firmes ne négocient pas de lignes de financement de secours auprès des banques. Ces *back up lines* sont en fait des assurances de crédit au cas où tel ou tel événement empêcherait, ou freinerait, le financement normal par les marchés. Bien sûr, le fonctionnement de cette assurance dépend de certaines conditions, comme pour toutes les assurances. Il est ainsi clair que si toutes les entreprises tiraient au même moment sur les lignes promises par les banques, celles-ci ne pourraient satisfaire à la demande. Mais cette situation de crise générale et systémique est précisément celle où la banque centrale intervient comme prêteur de liquidités, en dernier ressort (ce qui s'est d'ailleurs passé dans les jours qui ont suivi les attentats).

Le cas intéressant est donc celui où fonctionne le régime normal d'une économie où des fonds propres requièrent une rentabilité de 15 %. Dans un tel cas, la banque est, nécessairement, de plus en plus sollicitée comme assureur de financement. Elle se trouve d'ailleurs dans une situation de concurrence telle, par construction antérieure au retournement, que cette assurance est de fait très peu, sinon pas, rémunérée. L'assurance de financement monte, au moment où son prix baisse : la banque endosse un risque croissant peu rémunéré.

Mais si nous sommes en économie financière patrimoniale, si la croissance est forte, par apports de financements d'un côté, par une demande liée à l'effet richesse (ou à un « équivalent effet richesse ») né de la bulle, elle ne peut que s'accélérer. Elle sort alors, comme dans le cas américain, de son sentier tendanciel. Elle se fragilise donc aussi, en devenant de plus en plus dépendante des « idées sur l'avenir » que se font les intervenants, sur l'avenir des profits que se feront les investisseurs. Puis, si, comme au courant de l'année dernière, les anticipations se retournent, c'est-à-dire si la progression anticipée des profits décline, les valorisations boursières sont revues à la baisse, le risque des entreprises est perçu en hausse, les *spreads* de financement externe montent.

Les Bourses se retournent, d'autant plus nettement qu'elles sont vues comme intrinsèquement risquées (liées à des pays émergents), ou techniquement risquées (liquidités faibles, faiblesse du tissu bancaire). En effet, certains marchés de financement direct se raréfient, soit sur la partie longue de la courbe, soit sur sa partie courte. Les entreprises se trouvent confrontées à des financements qui peuvent éventuellement disparaître, ou menacer de le faire, en tout cas devenir plus chers : elles s'adressent donc aux banques. Les plus solides d'entre elles répondent évidemment aux sollicitations, mais la banque centrale reçoit, et comprend, le message. À son tour, elle ne peut que baisser les taux de refinancement des banques, pour qu'elles puissent organiser le refinancement des entreprises (il y a réintermédiation temporaire) dans le retournement du cycle, et donc amortir la chute de l'activité. Voilà bien pourquoi la dernière phase de baisse des taux américains a été si forte, sans exemple historique. Voilà aussi pourquoi les corrections boursières ont été si fortes dans les pays développés, et plus encore dans les pays émergents, où montée des *spreads*, problèmes de liquidités, interrogations sur les systèmes bancaires locaux allaient de conserve.

Polarisations accentuées, polarisations différenciées

La nouvelle logique financière, qui pousse la croissance et en accroît la volatilité, implique donc aussi un rôle nouveau des banques commerciales : celui de vendeur de papier privé et d'assureur de liquidités en phase de montée de cycle, celui de financeur en cas de retournement, avec l'aide évidente d'une banque centrale bien plus sollicitée et interventionniste qu'auparavant, dans une nouvelle configuration historique. À l'évidence, cela n'est pas possible à égalité par toutes les banques dans les pays les plus développés.

Une différenciation se fait ainsi entre les banques de détail, qui gèrent au fond un risque de nature statistiquement gaussienne, et qui seront donc peu tiraillées en montée de cycle et moins chahutées en baisse, et les autres, les banques d'affaires, non gaussiennes, qui feront de très belles affaires dans la phase de montée et peu ou pas dans la contraction, avec des coûts de structure qu'il faudra alors absolument réduire. Ces banques d'affaires ne pourront alors que croître et se consolider, pour renforcer leur capacité globale d'intervention en hausse de cycle, et avoir la capacité d'amortir les chocs ensuite. Les banques intermédiaires, mixtes, devront faire leurs examens de conscience, en se spécialisant dans le détail peut-être, en réduisant leurs coûts opératoires sans doute (de plus en plus par mutualisation de leurs usines de traitement), ou en fédérant, avec d'autres, leurs activités d'affaires.

En même temps, on voit bien que les petites Bourses sont plus instables que les autres. Cela expose les investisseurs sur ces places à des risques plus importants de perte, tout comme les principaux actionnaires des sociétés qui y sont cotées à des risques d'OPA si les titres baissent trop, sachant que le système bancaire local sera alors d'un faible secours, d'autant que la monnaie du pays peut elle-même fléchir.

L'économie financière patrimoniale conduit donc à une croissance moyenne plus forte, mais avec un écart type supérieur. Chez ceux qui sont les mieux équipés, notamment avec un système bancaire solide, car mieux différencié et plus concentré dans la banque d'affaires, avec une banque centrale réactive, avec une monnaie forte, avec une Bourse liquide, ces mouvements opèrent des concentrations d'activité, des structurations bancaires différenciant davantage les fonds de commerce (*retail*/affaires). Dans les autres pays, les instabilités vont croître, les concentrations potentielles augmenter, une prime de risque spécifique peser, pour cause de « non-adaptation à l'économie financière patrimoniale globale ». Les petites Bourses vont péricliter, les grandes sociétés des pays émergents fermer leur capital pour l'ouvrir ensuite, sous des cieux plus propices, dans des Bourses plus grandes, New York au mieux.

Polarisations différenciées, actions correctrices privées

Dans un tel contexte, on peut sans doute concevoir que le terrain s'ouvre pour des actes violents, puisque concentration, et surtout polarisation du capital, vont de conserve avec globalisation, creusement des écarts, volatilité croissante du système. Mais c'est sans penser que l'économie elle-même, mais aussi la politique, vont effectivement corriger et réagir.

D'abord, les opérateurs et analystes percevront (ou pourront percevoir) qu'il est tout aussi intéressant, dans une optique de répartition du risque, de détenir des sociétés moins spécialisées, moins typées, plus différenciées donc. En second lieu, les salariés eux-mêmes vont détenir une part croissante des firmes, dont la leur, par l'effet même des différentes formules d'intéressement. Leur rôle sera évidemment stabilisateur, d'autant que l'on peut tout aussi concevoir que des demandes (des autorités de régulation) vont intervenir pour examiner les horizons de temps des investisseurs institutionnels, faire en sorte de les allonger, peut-être avec un rôle plus grand des actionnaires-salariés dans les différentes instances de choix. Pendant que l'on s'interroge sur « le sable dans les rouages » de la finance internationale, il vaudrait mieux regarder de près comment introduire une meilleure appréciation du risque dans le capital. Les règles et normes peuvent (doivent) y aider.

Les produits financiers incorporant une dose d'assurance vont aussi se développer. Du côté des entreprises qui vont solliciter des lignes de *back up*, il est évident que leur prix va monter, renforçant la stabilité d'ensemble du système. Du côté des acheteurs finals de produits financiers, ils demanderont sans doute davantage des formules de garantie de capital, ce qui implique, en contrepartie, un processus d'assurance, et plus encore une détention plus longue des avoirs, du fait même de l'assurance en capital qui a été contractée.

L'évolution des systèmes bancaires, avec le renforcement des structures de banques de marché, avec la nouvelle mouture des normes de Bâle qui va étudier des cas « extrêmes » de gestion *(stress cases)*, et donc demander plus de capital aux banques, banques qui vont donc à leur tour demander plus de capital aux sociétés pour leur faire crédit, va aussi dans le bon sens.

La transparence et le renforcement des structures de place, la consolidation des Bourses, l'amélioration et l'homogénéisation des techniques comptables sur le standard international ainsi que leur extension, tout ceci va aussi dans le même bon sens.

À côté des marchés, qui vont faire leur travail d'examen, sous la houlette de régulateurs inspirés par le sens du risque et de la transparence, une situation plus stabilisée, car mieux répartie, plus différenciée des placements, plus longue aussi, peut ainsi se mettre en place.

Polarisations différenciées, actions correctrices publiques

Mais l'heure reste aux entités plus puissantes, au capital humain mieux formé, à une meilleure transparence aussi des organisations publiques, avec une meilleure efficacité, dans des espaces nouveaux. Pour différencier cette évolution, c'est-à-dire la renforcer, il faut bien que les États, les régions, les zones transfrontières, les réseaux de formation ou d'entreprises créent des entités nouvelles. Il faut que du capital nouveau entre dans des structures plus légères, plus souples, plus risquées. Il faut donc aussi que les charges fiscales baissent, que les capacités d'aller et retour des investissements dans ce type de support soient plus souples.

Si l'on entend que les pays de l'autre côté de la Méditerranée ne s'inquiètent pas aujourd'hui, avant une situation pire demain, il faut aussi que l'Europe parle et agisse, sans s'interroger aussi exclusivement sur son inflation interne ou sur ses déficits. C'est à elle de proposer alliances, idées, capitaux, pour former une nouvelle coopération.

Coopération : voilà ce qu'il faut développer, si l'on veut un monde qui croisse et se renforce, sans doute sous une dynamique polarisante, mais qui connaisse aussi d'autres logiques de développement, surtout plus durables, moins volatiles. Le terroriste, avec ses idées et sa « morale », ne peut fonctionner que s'il trouve le défaut de la cuirasse. Ce défaut, ce sont nos défauts : à nous de les réduire, pour le supprimer.

Une mondialisation bancale

Par Anton Brender

La mondialisation crée des solidarités de fait entre les différentes régions de la planète. Il faut les assumer consciemment en favorisant le développement des pays où le prix des vies individuelles continue d'être dérisoire. C'est la seule manière d'accumuler, là-bas aussi, du capital social. Faute de quoi, la mondialisation restera bancale.

Au début des années 1990, Robert Reich, devenu ensuite ministre du Travail du président Clinton, a défendu une idée souvent reprise depuis : au-delà des traditionnelles oppositions entre nations, un clivage s'est créé au sein même de chacune d'entre elles, séparant les individus les plus éduqués, détenteurs de compétences techniques et intellectuelles — les « manipulateurs de symboles » — du reste de la population. Suffisamment assurés par la richesse que leur garantissent partout ces connaissances, ces manipulateurs de symboles seraient désormais chez eux d'un bout à l'autre de la planète. Dès lors, ils ne se sentiraient plus concernés par le sort de leurs concitoyens, pas plus d'ailleurs que par celui des populations du reste du monde. La solidarité nationale se dissoudrait ainsi dans la mondialisation sans que rien ne vienne la remplacer.

La tragédie du 11 septembre 2001 montre à quel point cette idée, pourtant largement reçue, est fausse. New York n'est-elle pas la ville phare des manipulateurs de symboles ? Les tours jumelles n'abritaient-elles pas les bureaux de nombre d'entre eux, parmi les mieux payés de la planète ? Que l'attentat qui les a détruites ait été organisé et mené du fond de grottes situées dans l'un des pays les plus pauvres du monde est lourd de sens. Il montre en effet que, contrairement à la thèse défendue par Reich, les manipulateurs de symboles ne seront nulle part en sécurité tant qu'il existera sur la planète des hommes prêts à perdre leur vie pour détruire la leur. La mondialisation non seulement ne dissout pas les solidarités nationales mais elle en crée, de fait, de nouvelles, plus exigeantes encore puisqu'elles sont planétaires.

La mondialisation permet d'abord — c'est là sa conséquence la plus souvent soulignée — un élargissement du champ de la division internationale du travail. L'industrie mondiale s'étend ainsi vers des régions nouvelles. Leur développement économique peut s'en trouver facilité : nombre de pays d'Asie ont montré qu'en s'appuyant sur les débouchés ouverts par l'accès aux marchés occidentaux, en utilisant les techniques et les équipements conçus par les régions industrialisées, il était possible de faire progresser rapidement la productivité et les niveaux de vie. Là n'est pas toutefois la seule conséquence de la mondialisation. Cette dernière ouvre à tous l'accès non seulement aux marchés des pays occidentaux, mais aussi aux biens, services et savoir-faire dont ils disposent, comme d'ailleurs à ces pays eux-mêmes. Et ce libre accès ne peut être limité aux seuls citoyens des pays qui participent à l'économie mondialisée ou qui aspirent à y participer. Il s'étend aussi bien à ceux des régions qui pour une raison ou pour une autre en sont exclues. La séparation entre ces zones « exclues » et la partie mondialisée de la planète est très poreuse : les ressortissants des premières comme les organisations qui y sont installées peuvent utiliser les moyens de transports et de communications, les services bancaires... et les armes produits par la seconde. Il en résulte une vulnérabilité à laquelle on n'a jusqu'ici accordé que peu d'attention.

Le capital social, impalpable mais essentiel

Les systèmes qui ont permis aux pays occidentaux de devenir plus productifs et à leur population de connaître des niveaux de vie élevés sont nombreux et puissants. Mais ils sont aussi complexes et fragiles. La plupart, qu'il s'agisse des systèmes urbains ou industriels, énergétiques ou financiers, de transports ou de communication... ont été conçus pour fonctionner dans des environnements où règne la paix civile. Nos usines, nos avions, nos villes, nos banques, n'ont pas été pensés pour résister à des efforts de détournement ou de destruction élaborés et insidieux. La raison en est simple : nos sociétés ont, au fil des décennies, investi non seulement dans l'accumulation de capital physique et humain mais aussi de capital social. Ce dernier, moins palpable, n'en est pas moins particulièrement précieux : il traduit une adhésion à l'organisation sociale et aux règles qui, dans chaque pays, président à la répartition des richesses. Cette organisation, ces règles, implicites ou explicites, vont de la Constitution à la législation sociale, en passant par les pratiques de la négociation collective et le droit des affaires : elles fondent un ensemble de droits dont tous les membres de nos sociétés bénéficient également. Leur existence ne signifie pas qu'inégalités et injustices ont été éliminées mais elle dit clairement qu'un accord existe pour les limiter, voire tenter de les réduire. Ce capital social, qui protège la vie et les droits des individus qui vivent dans les pays développés, protège aussi l'intégrité des biens publics et privés qui y sont accumulés ou qui y circulent. Sans cette protection, notre appareil économique n'aurait pas l'efficacité que nous lui connaissons.

Ce capital social n'est pas tombé du ciel : il est le résultat d'une expérience riche et mouvementée du débat social et de la démocratie politique. Long à accumuler, ce capital est aussi, notons-le, coûteux à entretenir : la violence endémique de certaines banlieues françaises montre les problèmes qui naissent quand les efforts faits en la matière sont insuffisants. Lorsque, dans une société développée, une partie de la population est soumise à des forces d'exclusion qui l'emportent sur les facteurs d'intégration, le capital social s'érode. Peu à peu, les populations concernées ne se sentent plus liées par l'organisation sociale qui prévaut et remettent ses règles en cause... Au niveau mondial, force est de constater que cette accumulation de capital social a, jusqu'à présent, été très inégale selon les régions. Certaines en sont même presque totalement dépourvues. La globalisation s'est développée sans que l'on ne se préoccupe beaucoup de cette absence d'un capital social planétaire. D'où une situation de dangereux porte-à-faux : la mobilité accrue des marchandises, des capitaux, des savoir-faire, de l'information et aussi des hommes ne s'appuie pas sur un ensemble de règles ou de valeurs mondialement partagées. Pis encore, dans quelques-unes des régions exclues de l'économie mondialisée, une hostilité sourde à l'encontre des régions les plus développées existe.

Faire monter le prix des vies individuelles dans les pays « périphériques »

Dans cette perspective, les attentats de New York apparaissent comme un acte de guerre civile mondiale. Ils mettent en lumière les risques liés directement à cette mondialisation bancale. Est-il possible de réduire la zone de vulnérabilité qu'ils nous ont fait entrevoir ? Une première piste, d'ailleurs la seule envisageable à très court terme, vient immédiatement à l'esprit : mieux protéger nos appareils, nos réseaux, nos personnes. Une telle protection ne sera toutefois efficace que si elle est systématique. Aller dans cette seule direction impliquerait un sérieux effort d'investissement pour un résultat dont on peut penser qu'il restera toujours imparfait. L'autre piste est plus ambitieuse. Elle part d'un constat : le prix très élevé que nos sociétés accordent aux vies de leurs membres donne un levier considérable à ceux qui sont prêts à perdre leur vie dans un acte terroriste. Or, dans les régions de la planète dont le développement économique n'a pas avancé, voire a régressé, certains, confrontés à une humiliation chronique, trouvent dans de tels actes une façon de donner un sens à leur vie. S'il est difficile de se protéger parfaitement du terrorisme, la sagesse commande d'envisager aussi cette autre solution : aider ces régions à sortir du marasme économique dans lequel elles stagnent. Notre histoire nous enseigne que souvent le prix des vies individuelles progresse avec le développement économique, rendant ainsi possible l'accumulation de capital social. À long terme, cette voie est la seule qui permette de prévenir effectivement des attaques terroristes. Elle n'est pas forcément celle de l'utopie.

Penser qu'il suffit, pour qu'un pays avance sur la voie du progrès social, de lui ouvrir des débouchés et des lignes de crédits internationaux, est bien sûr erroné : aucun développement économique n'est possible sans l'appui de forces politiques et sociales nationales. Pour assurer leur avenir, les pays les plus riches n'ont, de ce point de vue, guère le choix : il leur faut apprendre à scruter patiemment la scène intérieure des pays les plus menaçants et tenter d'y soutenir, lorsqu'elles apparaîtront, les forces de progrès social. La tâche, dira-t-on, n'est pas simple et les risques de se tromper sont grands. Comment le nier ? En conclure qu'il est préférable de ne rien tenter est sans doute prendre un risque plus important encore ! Il convient, par ailleurs, de ne pas sous-estimer non plus le pouvoir d'entraînement de l'économie : de nombreux pays hier périphériques sont aujourd'hui engagés sur la voie du développement. Leurs avancées peuvent constituer pour les pays voisins un élément moteur. Le tissu économique mondial a toutes chances de devenir peu à peu plus homogène qu'aujourd'hui et le capital social plus également distribué. Pour qu'il en aille ainsi le plus rapidement possible, il nous faut dorénavant assumer pleinement les solidarités de fait engendrées par la globalisation. Leur prise en compte oblige non seulement à veiller à la stabilité de l'économie mondialisée mais aussi à favoriser l'intégration des régions qui en sont exclues. La mise en œuvre de stratégies géopolitiques tournées résolument vers le développement doit devenir une priorité des pays occidentaux. Ainsi résumé, l'objectif peut paraître convenu. Ce que le 11 septembre est venu nous rappeler est qu'il est maintenant grand temps de le prendre au sérieux et de nous mobiliser vraiment pour l'atteindre.

La recherche mondiale : trois scénarios

Par Ugur Muldur et Paraskevas Caracostas[1]

Selon les scénarios géopolitiques que l'on peut à peine esquisser aujourd'hui, l'impact des événements du 11 septembre sur l'espace mondial de la recherche et de la technologie peut être évalué de façon prospective en partant des dynamiques à l'œuvre au niveau mondial ces dix dernières années et en réfléchissant aux ruptures que ces événements pourraient annoncer. Les dynamiques de long terme concernent l'évolution des ressources qu'allouent les grandes zones du monde à la recherche-développement, les performances que ces zones réalisent et les évolutions des politiques publiques de la recherche et de l'innovation sur longue période qui les accompagnent et contribuent à les façonner.

Dans le nouveau contexte des « économies fondées sur le savoir », le rapport de forces entre régions du monde en matière de production et d'utilisation des connaissances peut être mesuré par les investissements immatériels.

À l'heure actuelle, les dépenses des États-Unis représentent 44 % du total des dépenses de R&D des États membres de l'OCDE contre 28 et 17 % respectivement pour l'Union

1. Les analyses développées dans ce texte sont personnelles et n'engagent que leurs auteurs. Elles ne peuvent donc en aucun cas représenter des positions officielles de la Commission européenne.

européenne et le Japon. L'écart annuel d'investissement en R&D entre les États-Unis et l'Union européenne tend à s'accroître, en particulier dans les secteurs de l'électronique et des services informatiques. Ainsi, les investissements publics et privés dans ces secteurs étaient-ils de l'ordre de 52,3 milliards de dollars aux États-Unis contre 28 milliards dans l'Union.

Étant donné le poids des États-Unis dans l'économie mondiale de la connaissance, toute inflexion majeure de la politique américaine de recherche aura un impact structurant à la fois sur les politiques publiques des autres pays et, à plus long terme, sur les performances scientifiques et économiques respectives de chacune des grandes régions du monde.

C'est pourquoi, avant d'évoquer les scénarios possibles d'évolution de l'économie mondiale de la connaissance, il est nécessaire de faire l'histoire des politiques publiques de recherche après la Seconde Guerre mondiale et des spécificités de cette histoire aux États-Unis.

La mise en place du système de recherche américain de l'après-guerre

Contrairement aux idées répandues, ce ne sont pas les grandes découvertes scientifiques et les innovations technologiques majeures ou les besoins économiques qui rythment et déterminent les changements structurels dans l'évolution des politiques de recherche et développement technologique. Les grands changements de ces politiques se produisent en général sous l'influence d'événements politiques et géostratégiques majeurs. Ce phénomène est parfaitement illustré par l'évolution de la politique américaine de R&D tout au long du XXe siècle.

Tout au long du XXe siècle, la politique américaine de R&D n'a connu en fait qu'une seule véritable rupture, celle qui s'est produite à la fin de la Seconde Guerre mondiale. Au cours de la première moitié du XXe siècle, le système américain de recherche et d'innovation était principalement basé sur le pôle industriel. Entre les deux guerres, environ deux tiers des dépenses totales de R&D américaines avaient été financés et exécutés chaque année par l'industrie. Moins de 20 % des dépenses totales étaient du ressort du gouvernement fédéral et les recherches de base essentiellement scientifiques ne représentaient qu'environ 8 % de l'effort national américain et étaient menées dans quelques grandes universités américaines. Les relations de complémentarité et de partenariat entre ces trois piliers de tout système de recherche n'étaient ni suffisamment développées ni organisées.

Convaincu de l'importance cruciale de la contribution de la recherche à la victoire, le Président Roosevelt confie au directeur de l'Office de Recherche Scientifique et de Développement, Vannevar Bush, la mission de réfléchir sur la meilleure façon de mobiliser la science et la technologie pendant la période de paix et au bénéfice d'objectifs civils tels que la santé, l'amélioration des conditions de vie des citoyens et la création de nouvelles entreprises, sources de nouveaux emplois. Le célèbre rapport de V. Bush, « Science — The Endless Frontier », remis en juillet 1945, va définir les prémices du système de recherche américain de l'après-guerre :

— Le rôle prépondérant du gouvernement fédéral : à l'inverse du système précédent, le budget fédéral représentera la principale source de financement de la recherche américaine.

— L'intégration de la recherche militaire dans le système national américain avec un contrôle civil.

— Le développement des ressources humaines scientifiques et technologiques : pour compenser le déficit des États-Unis de l'après-guerre en chercheurs et ingénieurs, fut décidé le renforcement du système éducatif et l'accroissement de l'attractivité des métiers scientifiques pour les jeunes Américains et les étrangers.

— Le soutien fédéral à la recherche de base et à la recherche militaire.

— L'incitation à la coopération entre les trois piliers du système, avec un accent particulier de transmission des résultats de la recherche de base et de la recherche militaire vers l'industrie pour des usages civils.

Pendant plus de trente ans, le système national de recherche américain sera bâti sur ces principes généraux définis lors de la Seconde Guerre mondiale.

La menace de guerre comme leitmotiv stratégique de la politique américaine de la recherche

La guerre ou la référence à la guerre continueront à constituer une base de justification dans chaque mutation de la politique fédérale américaine pendant plus de quarante ans. Pour n'en rappeler que quelques-unes, la guerre de Corée donnera un petit coup de pouce au Président Truman pour créer la NSF et le premier organe de coordination politique du système national de recherche américain à savoir le Comité de Conseil Scientifique. En 1957, le lancement de Spoutnik dans l'espace par l'Union soviétique déclenchera « la guerre pour la conquête de l'espace » entre les deux puissances mondiales de l'époque. Le Président Eisenhower accroîtra sensiblement le soutien fédéral à la R&D avec l'adoption du *National Defense Education Act* et proposera au Congrès la législation permettant la création de la NASA. Poursuivant l'objectif d'envoyer le premier homme sur la Lune avant la fin de la décennie, J.F. Kennedy soutiendra le programme Apollo dont les retombées scientifiques et technologiques seront importantes pour l'industrie américaine. Au cours de sa présidence, le financement public représentera près de 70 % des efforts de R&D.

Le rôle attribué à la thématique de la guerre pour justifier un appui à la science et à la technologie prend aussi parfois un accent civil, comme ce fut le cas dans « la guerre contre la pauvreté » du Président Johnson ou « la guerre contre le cancer » initiée par le Président Nixon. Cette référence à la guerre atteindra son point culminant avec le Président Reagan qui lance son initiative de défense stratégique popularisée par le terme de « guerre des étoiles », dont le principal effet sera d'accroître sensiblement les dépenses fédérales de R&D au bénéfice de l'industrie américaine, alors en crise.

Au cours des années 1980 et 1990, de grandes transformations commencent à bouleverser l'économie et la géopolitique du monde. Avec la globalisation, les besoins de l'industrie changent : la libéralisation non seulement questionne l'efficacité de l'intervention publique mais accroît aussi l'importance accordée aux PME et aux *start-up* ; la chute de l'empire soviétique remet en question les tendances à la croissance des dépenses militaires ; etc... Le système américain de recherche et d'innovation ne peut évidemment échapper à ces bouleversements. La part des dépenses fédérales dans les dépenses totales de R&D américaine ainsi que celle des dépenses de recherche militaire commencent à baisser bien qu'elles restent bien au-dessus du niveau des efforts des pays européens en faveur de la recherche militaire.

Ainsi, après l'intermède de la guerre du Golfe qui permet d'utiliser les résultats de la recherche militaire sur le terrain, la présidence de Bill Clinton apporte les premiers changements dans le discours politique américain et montre clairement la volonté politique de faire évoluer le système américain vers un modèle fondé sur la compétitivité et sur les besoins sociétaux. « *The end of Cold War has transformed international relationships and security needs. Highly competitive economies have emerged in Europe and Asia, putting new stresses on our private sector and on employment.* » (Clinton et Gore, 1994). Le soutien à l'innovation et aux domaines de recherche répondant aux besoins socio-économiques des citoyens américains devient un levier aussi important que ceux du modèle ancien, à savoir la sécurité nationale et le leadership scientifique mondial.

L'attentat du 11 septembre pourrait maintenant sonner le glas de cette transformation structurelle du système américain de recherche explorée par l'Administration Clinton.

Retour de l'histoire le 11 septembre 2001 : « la guerre contre le terrorisme » et l'avenir de la recherche mondiale

Le monde qui se dessine après les événements tragiques de New York et Washington est incertain : les évolutions économiques, sociales et politiques qui y trouvent leur source ne peuvent faire l'objet de jugement et d'intuitions simplistes puisque les acteurs clés du système mondial de l'après-communisme ne semblent pas encore avoir déterminé une stratégie globale, au-delà de la lutte immédiate et massive contre le terrorisme.

Dans un tel contexte, nous ne pouvons que dessiner à grands traits quelques scénarios prospectifs de reconfiguration de l'économie mondiale de la recherche et de l'innovation sous l'impulsion de la superpuissance américaine et de ses alliés.

Trois scénarios peuvent être envisagés :

— Le scénario « sécuritaire-unipolaire » qui supposerait que les États-Unis impulsent, par la concurrence et la coopération avec leurs alliés, un retour massif vers la première phase d'après-guerre qu'ils n'ont en fait jamais vraiment abandonnée.

— Le scénario « solidaire-multipolaire » dont l'hypothèse de base reviendrait à postuler que le choc du 11 septembre amènerait les États-Unis, fortement incités ou appuyés en cela par l'Europe, à rééquilibrer la gouvernance économique et politique mondiale à partir d'un réseau de quelques grandes unités « régionales » (l'Europe unie, le Mercosur, l'ANASE, l'ALENA, etc.) et de « partenariats pour la paix et le développement ».

— le scénario « régressif-cahotique » marqué à la fois par une récession mondiale de moyenne durée et par l'incapacité des pays industrialisés à consolider de vastes réseaux d'alliances politiques autour d'eux.

Le scénario « sécuritaire-unipolaire »

Le premier scénario est le scénario central. L'argument de la guerre contre le terrorisme permettrait aux pouvoirs publics fédéraux de relancer les dépenses globales de R&D avec une remontée en puissance des dépenses de R&D militaire. Le rythme d'accumulation des ressources intellectuelles pourrait s'avérer rapide pour la R&D militaire et « antiterroriste » aux États-Unis et dans certains pays alliés, ralenti dans les autres pays. Une telle relance pourrait s'accompagner d'une conception plus stricte de la protection de la propriété industrielle et d'un renforcement du contrôle des exportations dans le domaine des hautes technologies. Ceci pourrait avoir des retombées positives sur les capacités industrielles de R&D de ce pays et mener à une domination américaine affirmée au niveau mondial par le biais des retombées « réservées » des recherches liées à la sécurité.

L'orientation des politiques de recherche pourrait revêtir les traits suivants : aux États-Unis, un retour affirmé à la philosophie d'après-guerre avec un maintien du soutien aux sciences du vivant ; dans les pays de l'Union disposant d'une capacité technologique militaire, une remontée en puissance de la R&D militaire, éventuellement dans le cadre d'une coopération européenne plus étroite. Quant aux priorités de recherche possibles, les nouveaux armements de dissuasion massive, l'énergie nucléaire « résistante à la prolifération », les vaccins « anti-armes biologiques », l'électronique miniaturisée de défense et de sécurité intérieure, les systèmes avancés de surveillance militaire et civile pourraient être autant de thèmes à l'ordre du jour.

Un tel scénario mettrait les États-Unis dans l'obligation de devoir gérer la contradiction entre contrôle sécuritaire de l'immigration d'une part et appel aux scientifiques étrangers à venir s'établir dans ce pays d'autre part. Le nouvel « interventionnisme libéral » américain stimulerait la relance mais pourrait aggraver les inégalités à l'intérieur (en diminuant relativement les dépenses sociales) et au niveau mondial (en concentrant l'aide au développement sur certains des pays alliés les plus exposés).

Ce premier scénario n'affecterait pas sensiblement la croissance européenne, stimulée par le passage à l'euro et la mise en place d'un « espace européen de la recherche » plus intégré et ouvert sur les régions voisines de l'Union et les pays en développement. Les risques, pour cet espace européen de la recherche en émergence, proviendraient plutôt de la stimulation qu'apporterait un nouvel « interventionnisme libéral » américain, par le biais d'importants programmes fédéraux de financement de la recherche militaire et « duale », aux industries nationales de l'information et de la santé et ce en l'absence d'une initiative équivalente de l'Union.

En outre, la dimension « sécurité » de l'élargissement européen prévalant, celui-ci pourrait être décidé sans avoir pu pleinement résoudre les problèmes économiques, sociaux et institutionnels qui y sont liés, provoquant ainsi des tensions importantes au sein de l'Union élargie. Par ailleurs, les implications de cet élargissement pour le renforcement des coopérations européennes dans le domaine de la recherche militaire, potentiellement positives, ne sont pas pour l'instant aisément déchiffrables.

Pour la Russie et les pays de la CEI, leur participation active à l'Alliance dirigée par les États-Unis pourrait se traduire par des partenariats scientifiques et technologiques renforcés à la fois dans le domaine militaire et spatial et dans le domaine civil. Pour les pays émergents et en développement considérés comme partenaires stratégiques des États-Unis (l'Inde, le Pakistan, l'Indonésie, Singapour et peut-être demain la Chine), de telles retombées positives ne sont pas à exclure.

Les indices les plus récents qui nous viennent de Washington vont dans le sens de ce premier scénario. Tout d'abord la proposition (révisée après le 11 septembre) de budget 2002 pour la recherche du Président Bush prévoit une augmentation totale par rapport à 2001 de 8,5 % (6,3 % en termes réels), les dépenses relatives à la recherche militaire et à la recherche médicale devant augmenter beaucoup plus fortement, respectivement de 12,6 et 12 %. Alors que la part de la défense dans le budget fédéral total alloué à la R&D (99,1 milliards de dollars prévus pour 2002) avait constamment décru de 62,6 à 52,9 % entre 1990 et 2001, elle augmenterait ainsi à nouveau pour atteindre 54,6 %.

De façon plus précise, les dépenses de recherche nécessaires à la lutte antiterroriste étaient estimées, avant les attaques du World Trade Center, à 555 millions de dollars pour l'année fiscale 2002. Il s'agit de la somme de budgets relevant de l'ensemble des agences fédérales : la part la plus importante devrait être prise en charge par le Département de la défense (44 %) qui finance notamment un programme sur les armes biologiques, mais les agences qui dépendent des ministères de la Santé, de l'Énergie, du Transport ou de l'Agriculture représenteraient une part non négligeable de cet effort global. Ces dépenses pourraient être revues à la hausse au moment des débats budgétaires du Congrès.

L'économie mondiale de la connaissance qui émergerait de ce premier scénario serait ainsi « duale », c'est-à-dire divisée en « ceux qui sont avec nous » et « ceux qui sont contre ». Il s'agit donc d'un scénario simpliste qui nécessite néanmoins la réalisation conjointe de plusieurs hypothèses parmi lesquelles.

— Les États-Unis sortent rapidement de la récession et reprennent une croissance fondée sur les technologies de l'information et du vivant.

— Ils sont prêts à transférer une partie de leurs connaissances et de leurs technologies à leurs alliés.

— « L'impératif défense » prend le pas sur tous les autres objectifs importants de la politique fédérale de la recherche.

Les scénarios « solidaire-multipolaire » et « régressif-cahotique »

Les deuxième et troisième scénarios sont en fait des scénarios « dérivés » du premier. Ils peuvent constituer des trajectoires diamétralement opposées qui viendraient prendre la suite d'une première phase « sécuritaire » représentée par le premier.

Le deuxième scénario fait ainsi l'hypothèse, optimiste diront certains, que la catastrophe du 11 septembre 2001 amènera les élites au pouvoir aux États-Unis, avec l'aide d'autres acteurs, notamment l'Union européenne, à réfléchir d'une façon novatrice sur les problèmes économiques, sociaux et politiques auxquels le monde est confronté. Tirant les leçons de la vulnérabilité de leur pays, ces élites valoriseraient le potentiel fragile de la vaste coalition antiterroriste en la transformant en un vaste ensemble de « partenariats régionaux pour la paix et le développement ». Au-delà du moment « sécuritaire » actuel, se dessinerait donc le schéma d'un monde multipolaire promu plutôt, jusqu'à aujourd'hui, par l'Europe. Cette dernière réussirait ainsi, tout en montrant sa solidarité indéfectible dans la lutte antiterroriste, à faire partager à ses partenaires américains sa vision d'un monde privilégiant la lutte contre les inégalités et pour le développement durable, pour la stabilité fondée sur le droit international et pour la reconnaissance de la diversité culturelle.

Un tel scénario impliquerait, du point de vue scientifique et technologique, une dimension recherche insérée dans de vastes partenariats régionaux à long terme initiés et tirés par des puissances « régionales ». La « dimension internationale de l'espace européen de la recherche » promue par la Commission européenne préfigure une telle approche. Elle trouverait là un écho favorable auprès des États-Unis et du Japon bien sûr, mais aussi des autres puissances scientifiques et technologiques émergentes comme la Russie, la Chine, l'Inde ou le Brésil qui seraient prêtes à agir de concert pour financer des partenariats visant la résolution des grands problèmes communs de l'humanité.

Après une première phase, identique au scénario 1, la mise sur pied de « partenariats pour le développement » incluant une coopération scientifique et technologique renforcée avec les pays en développement provoquerait une augmentation globale à moyen terme des ressources intellectuelles au niveau mondial. Dans le cadre d'une approche multipolaire, ces « partenariats pour le développement » offriraient un cadre incitatif aux investissements en R&D et en services éducatifs des acteurs publics et privés qui augmenteraient de façon plus soutenue dans les pays émergents.

L'Europe unie, soutenue par le Japon, inspirerait une réorientation des politiques publiques vers les objectifs sociétaux du développement durable, les États-Unis et l'Europe coopérant avec les autres régions du monde sur des objectifs mondiaux déterminés en commun. Les priorités de recherche concerneraient par exemple la lutte contre les grandes maladies, le changement climatique, l'environnement, l'eau, la gestion des villes mondiales, les technologies peu coûteuses pour l'éducation tout au long de la vie, les sciences sociales et humaines pour le développement.

Les « partenariats pour le développement » stimuleraient la croissance mondiale en partant de pôles « régionaux » (l'Union européenne par exemple déployant une stratégie de croissance partenariale avec les pays de l'Est européen, de la CEI et de la Méditerranée). Les initiatives nouvelles des pays industrialisés permettraient d'avancer rapidement dans la mise en place d'un système commercial mondial appuyé par la grande majorité des pays du monde, favorisant une relance de la croissance des PVD.

Enfin le troisième scénario, le plus inquiétant, est l'inverse du précédent : ses hypothèses de base sont la fragilité structurelle de l'alliance antiterroriste, la vision à court terme et l'incapacité politique des dirigeants des pays industrialisés à faire accepter les changements nécessaires aux acteurs socio-économiques, la persistance et la diffusion de la récession américaine au reste du monde. Dans ce scénario-catastrophe, l'économie mondiale de la connaissance stagne ou régresse, se fragmente et laisse à l'écart une partie importante de l'humanité et pour longtemps. Les débats récurrents sur la « fracture numérique »(c'est-à-dire l'écart grandissant, entre ceux qui ont accès à l'information et au savoir et les autres) sont l'indice d'un malaise déjà réel dans ce domaine. Mais on aurait ici, en plus, les risques liés à la prolifération des technologies militaires « portables », c'est-à-dire qui ne nécessitent pas la maîtrise de savoirs scientifiques sophistiqués et d'infrastructures productives lourdes. L'exemple des « bombes sales » (bombes traditionnelles dispersant dans l'atmosphère des matériaux nucléaires) est souvent cité.

Dans un tel scénario, une récession de moyenne durée provoque globalement une stagnation des dépenses de recherche. Les dépenses des entreprises américaines continuent à augmenter, tirées par la croissance lente des industries de l'information et de la santé et stimulées par l'augmentation des dépenses publiques en R&D militaire ; les investissements en R&D stagnent en Europe et régressent dans les pays émergents. Une réorientation des politiques publiques analogue à celle du premier scénario pousse des pays émergents et en développement à affecter à la R&D militaire une part importante de leurs ressources déjà limitées ; une prolifération accrue des technologies militaires ne nécessitant pas d'importantes infrastructures n'est pas, dans un tel contexte, à exclure. La concentration des priorités de recherche des grandes puissances sur des thèmes « sécuritaires » s'accompagne de nombreuses tentatives d'achat et/ou d'imitation-adaptation de technologies militaires « portables » par les petits et moyens États et les mouvements terroristes.

L'impact de tous ces facteurs sur les performances et les trajectoires de développement des diverses régions du monde pourrait s'avérer catastrophique. Les trajectoires de développement divergeant, la récession aggraverait la situation de nombreux pays émergents ; les avocats du protectionnisme au sein des pays industrialisés pourraient gagner du terrain, renforçant les tendances à la fragmentation de l'économie mondiale en « régions-forteresses » et retardant l'élargissement de l'Union européenne. Les négociations commerciales mondiales risqueraient d'être bloquées, ajoutant à l'instabilité mondiale.

Conclusions

Ces trois scénarios pourraient coexister dans des configurations complexes privilégiant davantage l'un ou l'autre élément qui les constituent. Ces configurations dépendent, dans la conjoncture actuelle, essentiellement de facteurs et de dynamiques politiques. Quand on voit la rapidité avec laquelle la nouvelle administration américaine a tourné le dos à certains de ses présupposés idéologiques (en rompant avec l'isolationnisme, en réhabilitant l'État, en décidant d'un plan de relance, etc.), on se surprend à espérer un retour à l'esprit du plan Marshall, c'est-à-dire à un retour aux stratégies à long terme. Disposant d'un modèle social original et d'une tradition d'aide au développement, l'Europe a ici un rôle crucial à jouer et elle a commencé à y croire : celui d'un gardien du long terme et d'un promoteur d'une nouvelle coopération multipolaire mondiale.

Dans le domaine scientifique et technologique, « l'espace européen de la recherche », dont elle pose les premiers jalons, peut inspirer sur le long terme la promotion d'un « espace mondial de la recherche » fondé, comme en son sein, sur un savant dosage de coopération et de concurrence, sur la poursuite conjointe des objectifs de l'excellence scientifique et de la solidarité entre régions et États de niveaux différents.

Pour que le deuxième scénario prenne le pas sur les autres, l'Union européenne et ses États membres doivent conjuguer leurs efforts pour parler d'une seule voix dans les enceintes de coopération scientifique internationale, favoriser le renforcement et la mise en réseau (au niveau mondial) des infrastructures, des institutions et des personnels de recherche dans les pays en développement, promouvoir des partenariats ciblés avec les puissances émergentes. Pour dépasser rapidement le scénario « sécuritaire » et éviter la réalisation du scénario « régressif », l'Europe doit viser le deuxième scénario et hâter sa traduction dans la réalité.

Les stratégies d'entreprise : du modèle stratégique au management de la réputation

Par Bernard de Montmorillon

La variable clef du profit a longtemps été la seule maîtrise du coût de production. Avec le choc pétrolier et l'instabilité de l'environnement est née la nécessité d'un management stratégique centré sur la recherche d'un positionnement relatif compétitif. Les événements de septembre 2001 marquent sans doute pour l'entreprise l'émergence d'une nouvelle nécessité, celle d'évaluer l'ensemble de ses choix à l'aune de la réputation : nouvelle problématique stratégique qui devra articuler les dimensions sociale, sociétale et commerciale pour la création de valeur.

Le dernier quart du XXe siècle s'est ouvert par une crise internationale aussi brutale qu'imprévue. À la fin des années 1970, l'heure était aux inquiétudes liées à la poursuite exponentielle de la croissance des années précédentes. Le Club de Rome faisait frémir en craignant la surpopulation, l'épuisement des ressources et de noirs lendemains. Sans doute le furent-ils mais pour d'autres raisons que la prolongation extrapolée des tendances passées. Le prix du pétrole quadrupla puis doubla encore, la croissance redevint cyclique et se ralentit. Et puis finalement, ces noirs lendemains de crises énergétiques s'éclaircirent au point que, probablement et malgré de dures secousses, les années 1980 pourront laisser le souvenir d'une période plutôt faste : fin des dictatures en Amérique du Sud, croissance exceptionnellement forte et longue aux États-Unis, chute du mur de Berlin et réunification culturelle et morale de l'Europe, progressive ouverture de la Chine. Bref, un monde aux grandes lignes de force plutôt claires, aux règles du jeu internationales plutôt stables, propice aux échanges et à l'intégration, mais qui a cependant laissé de côté l'Afrique et l'Islam, non producteurs de pétrole.

Pour les entreprises, les plus grandes en particulier, ces années ont été marquées par la prise de conscience d'une rupture stratégique. La crise du pétrole se traduisit pour elles par la fin du modèle de régulation fordienne, et dans le même temps par la nécessité nouvelle d'une réflexion stratégique. C'est en effet à partir des années 1970 seulement que la stratégie devient une des dimensions fortes du management. Il n'en était guère question auparavant.

Les gestionnaires tant privés que publics pouvaient, en effet, se contenter, confortablement, de suivre les prescriptions du modèle néoclassique, opérationnalisées par la première économie industrielle (les structures du marché déterminent les comportements des firmes, eux-mêmes à l'origine des performances) et par les géniales contributions de Taylor (organisation scientifique du travail) et de Fayol (organisation fonctionnelle de l'entreprise). Ce cadrage à la fois conceptuel et concret s'est révélé particulièrement efficace durant toutes les années de forte croissance après 1945 qui ont conduit les ménages, prioritairement et massivement, à s'équiper en biens semi-durables.

Après le choc pétrolier, le pilotage de l'entreprise est devenu beaucoup plus aléatoire. Les dirigeants, confrontés à des rivaux peu nombreux et assez clairement identifiables ainsi qu'à des clients de plus en plus attentifs à la satisfaction particulière de leurs biens propres, ont dû se faire stratèges, recherchant le positionnement adéquat. À force de lire Clausewitz, Aron et même le général Poirier, en même temps que Porter, Drucker et même Olivier Williamson, ils ont forgé un modèle décisionnel que l'on peut qualifier de stratégique.

Ce modèle a privilégié la quête, en permanence renouvelée, du positionnement compétitif, fondé sur la capacité à retenir durablement la clientèle par la maîtrise des coûts de production, de structure *(downsiging, externationalisation...)* et de transaction, tout autant que par la maîtrise de la différenciation, de l'innovation et de la séduction.

Les événements du 11 septembre annoncent-ils également l'émergence d'un nouvel environnement stratégique ou ne constituent-ils qu'une crise politique particulièrement douloureuse ? On peut penser que, à l'instar des événements du début des années 1970, ils marquent une nouvelle période managériale. Le projet de cet article consiste alors à essayer de lire l'impact des attentats du 11 septembre 2001 sur les stratégies d'entreprise en considérant que ce choc est révélateur de mutations en cours, tout comme le quadruplement du prix du pétrole en 1973 a conduit à la prise de conscience d'un environnement mondial désormais « complexe et incertain ».

C'est dans ce contexte général, et en intégrant à l'analyse les évolutions de fond qui viennent d'être brièvement rappelées, qu'on peut essayer d'examiner les conséquences sur le comportement stratégique des entreprises des attentats du 11 septembre 2001 et des événements géopolitiques qu'ils ont entraînés. De même que la crise du début des années 1970 a manifesté une transformation de la dynamique et du rythme du développement économique des pays occidentaux, de même on considérera ici que les événements de septembre 2001 peuvent être interprétés comme révélateurs d'une évolution de la problématique stratégique des entreprises, perceptible depuis une dizaine d'années. Cette nouvelle perspective est si clairement centrée sur la création de valeur que l'on peut parler, après les modèles néoclassique et stratégique, de modèle de création de valeur.

Le modèle de la création de valeur

Le modèle de la création de valeur s'est imposé depuis quelques années comme le maître mot de la prise de décision. Le terme de valeur est en lui-même polyvalent et, sans doute, l'ambiguïté qu'il véhicule n'est-elle pas pour rien dans son succès. C'est un vieux concept économique renvoyant aux discussions passionnées qui ont porté depuis la fin du XVIIIe siècle sur l'évaluation des biens : valeur d'usage et valeur d'échange mettent l'accent sur l'utilité appréhendée par l'acheteur ou par le destinataire de la transaction ; valeur ajoutée et chaîne de valeurs rendent compte de l'augmentation de l'intérêt et de la satisfaction du client, qu'il soit particulier ou entreprise. Si le terme s'est imposé, c'est bien d'abord pour marquer cet enrichissement tant matériel qu'immatériel apporté par l'activité productrice de biens ou de services à l'acheteur ou au destinataire.

Il y a là, à bien y réfléchir, un renversement de perspective assez radical, quoique d'une évidence à ce point forte qu'on se demande comment elle a pu être aussi longtemps reléguée au second plan, derrière la logique de la maîtrise du coût, qu'il soit de production, de distribution, de transaction ou de structure. Le décideur dans l'entreprise, le stratège, se trouve prioritairement confronté à la nécessité de créer de la valeur. Sans doute le primat de l'actionnaire, remis sur le devant de la scène par les développements de la théorie de l'agence, a-t-il un moment masqué l'ampleur du débat : le manageur a cherché à créer de la valeur d'abord pour l'actionnaire (la valeur patrimoniale chère aux financiers) et, pour ce faire, encore une fois à maîtriser les coûts. Les marchés, il y a peu, saluaient généralement une annonce de licenciement par une hausse des cours. Depuis quelques années la quête de la valeur dépasse le seul objectif de la satisfaction de l'actionnaire. Elle devient le facteur commun de la satisfaction de l'ensemble des parties prenantes, qu'il s'agisse de l'actionnaire — évidemment — mais aussi du salarié, de la société et du client.

Pour l'entreprise, la maîtrise du coût et la maîtrise de la compétitivité s'inscrivent dans la nécessaire création de valeur partenariale (Charreaux, 1997).

C'est dire que la recherche de la valeur pour le propriétaire s'articule de plus en plus avec la recherche de la valeur pour le collaborateur, qu'il soit salarié, contractuel ou partenaire et pour les acteurs sociaux, ceux qui forment l'encastrement social de l'entreprise (citoyens, associations, collectivités locales, régionales ou nationales, organisations non gouvernementales, organisations internationales). Bien plus, la satisfaction du client, de plus en plus sensible aux dimensions immatérielles de la transaction, se nourrit de l'appréciation qu'il porte sur celle du collaborateur ou de l'acteur social. Mais du reste les faciles distinctions de la comptabilité nationale qui définit l'acteur par son activité principale (le producteur, le consommateur, le financier) ne sont plus guère opérantes aujourd'hui : le salarié est, comme naguère, client potentiel, mais aussi citoyen et actionnaire potentiel ; surtout il est amené à ne plus distinguer les différents champs de son activité, de ses anticipations et de ses choix.

Et c'est là que les attentats du 11 septembre deviennent, du point de vue de la réflexion stratégique, porteurs de sens, révélateurs de tendances lourdes. La réaction des Américains, celle des Occidentaux en général est très significative : ils se sont référés à leurs valeurs, à leurs drapeaux, à leur démocratie, à leur sens de la liberté, de la responsabilité. Ils l'ont fait parce qu'ils ont compris que les terroristes eux aussi se nourrissaient d'abord de leurs valeurs, du refus de l'Occident sans doute, mais aussi du refus de la dilution de leur identité et de leur culture.

Cet enracinement de la stratégie dans la création de valeur se fait donc sentir dans plusieurs champs, à la fois autonomes et convergents : la recherche de la valeur sociale, de la valeur sociétale et de la valeur « servuctive » (pour reprendre le néologisme créé naguère par Eiglier et Langeard). On y insistera successivement en essayant de mettre en évidence en quoi la réflexion prospective et les décisions d'investissement des entreprises sont directement concernées.

La quête de la réputation sociale

La dimension sociale du management s'est progressivement imposée depuis une quinzaine d'années. Longtemps limitée à l'organisation scientifique du travail, la gestion des ressources humaines s'est ensuite fixé comme objectif prioritaire le respect du cadre législatif (particulièrement développé en France) avant de se concentrer sur sa dimension propre : la dynamisation des personnels pour la création de valeur. Une double mutation à l'œuvre durant le dernier quart de siècle est à l'origine de cette transformation. D'abord, l'équipement des ménages s'est peu à peu saturé et le contenu immatériel de la demande s'est fait de plus en plus marqué. Dès lors, s'est imposée la nécessité de la mobilisation de compétences relationnelles caractéristiques. Ensuite, la spécialisation croissante des transactions a conduit à ce que la prise d'initiative dans la relation au client soit de plus en plus décentralisée. Sans doute le stratège continuait-il à décider des principaux positionnements de l'organisation, cependant la création de valeur pour le client devenait le fait de l'opérationnel local, non plus exécutant un programme préétabli, mais concepteur d'une transaction nécessairement décentralisée.

Ces deux conditions, la nécessaire initiative du collaborateur et l'importance de la compétence relationnelle (à compétence technique donnée, évidemment) renouvellent les conditions de la transaction : l'adhésion volontaire des personnels devient nécessaire et ne peut plus être obtenue par l'organisation préalable et le contrôle du travail. La gestion de la motivation, de l'implication est devenue stratégique, en ce sens que, si elle fait défaut, la création même de valeurs est remise en cause. On sait depuis une vingtaine d'années que la motivation est d'abord un processus psychologique déterminant — ou non — l'action positive de l'acteur dans l'organisation. Les variables explications de ce processus ont fait l'objet de très nombreux travaux qui ont souligné l'importance d'un niveau satisfaisant de rémunération, des perspectives de carrière et de l'intérêt du travail. Depuis quelques années apparaissent d'autres facteurs explicatifs dont l'importance est de mieux en mieux perçue et qui mettent l'accent sur le jugement porté par le collaborateur sur l'entreprise. Ce dernier est particulièrement sensible à la transparence et à la loyauté du système de rétribution (justice procédurale), à la claire perception des axes de développement ou de réformes choisis par la direction, aux valeurs humaines et sociales affirmées (et pas seulement exprimées) par le management. Il se sent aussi de plus en plus concerné par l'image externe auprès des clients d'abord, mais aussi auprès des actionnaires de l'entreprise et dans la société qui l'entoure.

Bref, la motivation du salarié est devenue dépendante de la réputation de l'entreprise. En ce qui la concerne, cette réputation tient d'abord à l'appréciation qu'il porte sur la dynamique sociale interne à laquelle il est directement confronté ; elle tient aussi à la perception qu'il peut avoir de la réputation de l'entreprise chez les clients et dans la société. Voilà donc autant de variables que le manageur doit prendre en compte pour que perdure dans l'entreprise un climat non seulement propice, mais surtout nécessaire à la création de valeur par tous. La gestion de la réputation perçue par les personnels forme l'une des bases de la mise en œuvre du projet productif de l'entreprise. Il est très probable que les événements récents à l'origine de cet ouvrage vont renforcer et en même temps manifester le besoin pour les personnels d'appartenir à une organisation sur laquelle ils portent globalement un jugement positif. L'appartenance sociale est un facteur de réconfort et de sécurisation mais permet, dans le même temps, de développer un sentiment d'adhésion positive aux actions et valeurs de l'organisation.

La quête de la réputation sociétale

Cette dimension sociale du management rejoint une aussi évidente dimension sociétale sans laquelle elle ne pourrait s'épanouir. Les salariés, mais aussi les clients et les actionnaires, on va y revenir, sont de plus en plus sensibles à la façon dont l'entreprise conçoit ses actions à l'égard de son environnement, au sens large du terme. Trois thèmes ont particulièrement émergé ces dernières années : les droits de l'homme, la qualité de l'environnement et la contribution au développement économique. Tous les trois sont en quelque sorte manifestés par les événements de septembre dernier.

La prise en compte de la dimension éthique des pratiques productives et commerciales n'est pas vraiment nouvelle. Le paternalisme, avant que le terme ne devienne plutôt péjoratif, reflétait déjà le souci de lier le développement des affaires à l'amélioration des conditions de vie et d'expression des salariés et de leurs réseaux familiaux et urbains. La plupart des grandes lois sociales du XXe siècle ont été précédées d'expériences et de réalisations dues à l'initiative des entrepreneurs. Depuis une vingtaine d'années, les entreprises ne considèrent plus que la conformité avec une législation pléthorique suffit à assurer leur positionnement éthique ; de plus en plus, elles développent des politiques concordantes qui vont dans le sens de l'affirmation de valeurs éthiques : réinsertion des employés licenciés, employabilité, management de compétences, négociation collective des systèmes de rétributions. Ce mouvement est également perceptible au niveau international depuis que l'OMC se préoccupe du travail des enfants et de celui des femmes. La question des termes de l'échange, longtemps dominante dans l'analyse des relations internationales, revient à l'ordre du jour après une assez longue éclipse liée à l'espoir de l'intégration rapide de nombreux satellites du monde occidental.

Le second domaine où les valeurs sociétales s'imposent aux stratégies est celui de l'environnement. Dans de très nombreux domaines, la régulation de la pollution est devenue une des « contraintes » ou plutôt une des forces de jeu stratégiques les plus déterminantes. Octroi de droits à polluer ou pénalités aux pollueurs, système d'enchères ou prise en compte de l'intérêt collectif, autant de modes d'accès à l'activité qui traduisent le retour, sous une nouvelle forme, de l'intervention publique : ce n'est plus le haut fonctionnaire qui prépare la loi (et en même temps son pantouflage prochain), ce sont des acteurs souvent autonomes qui ont en charge l'intérêt collectif : qualité de l'air, qualité de l'eau, protection des sites, valorisation du patrimoine architectural et culturel, autant d'impératifs qui désormais encadrent la stratégie, clairement soucieuse de la réputation locale, nationale voire internationale de l'entreprise.

Dans le même ordre de préoccupations et notamment en matière internationale, le développement de la préoccupation « citoyenne » dans les différents pays où l'entreprise est présente devient un axe majeur dans l'élaboration des stratégies. Bien entendu, la gestion centralisée des flux, des transferts et des profits reste un impératif stratégique déterminant. Cependant « l'acculturation » stratégique des firmes dans leurs différentes zones d'activité est de moins en moins un discours convenu et de plus en plus une réalité stratégique. L'exemple concret souvent évoqué reprend la politique de Nestlé qui adapte le goût de son Nescafé à chaque marché. Plus généralement, il n'est pas du tout évident que l'uniformisation médiatique véhiculée par la télévision débouche, au-delà de la vulgarisation de quelques grands produits caractéristiques du bien-être des ménages, sur l'uniformisation des comportements économiques. L'entreprise se voudra de plus en plus partenaire aussi bien des acteurs économiques locaux (sous-traitance, réseaux économiques et distribution…) que des acteurs collectifs (implantation, partage de la valeur ajoutée, bases du développement durable…).

À nouveau, les récents et dramatiques événements de septembre 2001 mettent crûment et durement en lumière l'impératif stratégique d'encastrement sociétal. L'émotion a été mondiale et chacun a bien senti la dimension humaine et culturelle qui sous-tend l'horrible destruction de deux tours où siégeaient un si grand nombre de compagnies tant américaines qu'étrangères. Cette dimension-là brutalement émerge, même si, depuis plusieurs années, de façon peu explicite, elle nourrissait la réflexion et le comportement d'un nombre croissant de stratèges.

Du management stratégique à celui de la réputation

Ainsi, la responsabilité sociale et la responsabilité sociétale interfèrent de plus en plus dans l'élaboration stratégique. Les deux principales « parties prenantes » sur lesquelles l'attention des managers s'est surtout concentrée, les clients et les actionnaires, sont devenues sensibles non plus seulement au coût de la transaction, non plus seulement au positionnement relatif de l'entreprise, mais aussi à sa réputation et à la conformité de cette réputation avec les valeurs auxquelles elles adhèrent par conviction, éducation, tradition, mimétisme ou habitude.

On a insisté ici sur la réputation sociale et sur la réputation sociétale. En fait l'analyse doit être généralisée et l'on peut — l'on doit — tout autant parler de réputation financière (à propos de la relation entre l'entreprise et ses financeurs, actionnaires et autres apporteurs de capitaux) ainsi que de réputation commerciale (relations entre l'entreprise et ses clients, qu'elle leur fournisse des biens peu différenciés ou des services hautement spécialisés).

Si la gestion stratégique de la réputation a pu d'abord être centrée sur l'articulation de la réputation financière de la régulation commerciale, on peut penser que les événements du mardi noir manifestent l'irruption de deux nouvelles dimensions, la réputation sociale et la réputation sociétale. Plus radicalement encore, ils témoignent de l'articulation nécessaire entre ces quatre — au moins — dimensions, les mouvements boursiers et commerciaux qui les ont suivis le démontrent assez. La réputation à l'égard d'une des parties prenantes dépend non seulement du jugement qu'elle porte sur la relation de l'entreprise avec elle et avec ses pairs, mais aussi du jugement qu'elle porte sur la relation de l'entreprise avec les autres parties prenantes. Et réciproquement ! L'exercice de la réflexion et de la décision stratégique prend donc une nouvelle dimension, immatérielle, en devant articuler maîtrise des coûts, positionnement porteur et réputation globalement positive.

Cet exercice est d'autant plus difficile que le concept de réputation n'est pas encore clairement cerné quelque part entre la marque et l'image, la notoriété et l'opinion publique. Par conséquent, ni sa mesure, ni sa gestion ne peuvent s'appuyer sur un cadre conceptuel positif et éventuellement normatif. La recherche en management stratégique trouve là un champ nouveau particulièrement stimulant.

Les événements de septembre 2001, en véhiculant de nouveaux champs d'affrontements psychosociologiques, recentrent nombre de communautés sur leurs valeurs fondatrices. Ils marquent, sans doute, dans le champ stratégique, l'irruption d'une nouvelle problématique, celle de la réputation, qui articule aux niveaux individuel et collectif le comportement économique et l'affirmation de valeurs communautaires.

Les entreprises : socialiser les pertes, privatiser les profits

Par MICHEL VIGIER

Après le 11 septembre, la tentation apparaît forte de réclamer plus d'État, y compris chez les apprentis sorciers de Wall Street, dont les recettes ultralibérales ont considérablement fragilisé les entreprises. Corriger les excès de la bulle, ce ne devrait pas être socialiser mais privatiser les pertes, c'est-à-dire faire payer aux actionnaires et dirigeants des entreprises leur imprévoyance, leur « court-termisme », voire leurs erreurs de gestion.

Vieille tradition du système capitaliste, la propension à « socialiser les pertes, privatiser les profits » revient en force depuis le 11 septembre ; après une décennie de libéralisme triomphant, il semble extraordinaire de voir Rolph E. Breuer titrer un point de vue : « Nous en appelons à l'État. » Le président de la Deutsch Bank apparaît en effet la tête de pont européenne de l'idéologie ultralibérale de Wall Street, qu'il a assimilée en transformant son empire historique, au cœur du capitalisme rhénan, en une *investment bank* anglo-saxonne dont il souhaitait transférer le siège à Londres ou New York. Hier, Breuer se faisait le chantre de la dérégulation, des privatisations, et autres baisses d'impôts ; aujourd'hui, le même Breuer réclame de l'État le règlement de la facture des attentats (en complément des assureurs défaillants), la planche à billets pour éviter les risques bancaires systémiques, et le déficit budgétaire *via* les grands travaux afin de regonfler les carnets de commandes des entreprises… En fait, la crise économique qu'il craint et dont il conjure l'État de le préserver provient non pas tant de l'attentat du 11 septembre, mais plutôt des excès de la bulle financière, et en particulier du secteur TMT (télécoms, media, technologie), alimentés par l'ultralibéralisme de la précédente décennie — et ses multiples avatars dans la gestion des affaires. Dans une première partie, nous reviendrons sur les fragilités d'un « capitalisme financier » déstabilisé par les attentats, avant de nous interroger, dans la seconde partie, sur les nouvelles régulations possibles, sans « socialiser les pertes ».

Un capitalisme fragilisé par les excès de la bulle

En complément du ralentissement conjoncturel de l'économie mondiale, l'attentat du 11 septembre est intervenu à un moment de grande fragilité du système capitaliste du fait de ses excès antérieurs : sous-capitalisation de secteurs entiers, envolée des dettes des acteurs économiques, et notamment des entreprises, explosion des risques individuels — pas seulement dans la net-économie —, inconscience des managements saoulés par une décennie « de rêve » ; François Dalle, ex-P-DG de L'Oréal, l'a récemment qualifié de « capitalisme vaniteux » par opposition au capitalisme des entrepreneurs (*Les Échos* du 16 octobre 2001). Quelques exemples permettent d'illustrer cette fragilité :

1) En cet automne 2001, les compagnies aériennes américaines et internationales ne font pas faillite à cause de Ben Laden mais plutôt à cause d'une croissance aventuriste (type Swissair se lançant dans une diversification débridée et incontrôlée) et surtout à cause d'une stratégie capitaliste de type « casino » : aux lieu et place du modèle traditionnel d'entreprises possédant leur flotte et faisant payer dans le billet vendu à leurs clients le remboursement des avions et donc la constitution d'un patrimoine permettant d'amortir les à-coups de la conjoncture, les compagnies aériennes ont transféré aux banques, *via* la location ou le *leasing*, une fraction très significative de leurs flottes d'avions : environ 50 % en Europe (mais 80 % chez British Airways, la plus fragile aujourd'hui) et 52 % chez les quatorze majors américains (mais 78 % chez Continental et 91 % chez TWA, les plus fragiles).

L'objectif était évidemment de réduire les besoins en capitaux en utilisant l'effet de levier de l'endettement, et donc de faire plaisir, à court terme, aux actionnaires ; mais on ne gagne pas toujours au casino (et même rarement), et avec la chute conjoncturelle de la demande aggravée par les attentats, les compagnies aériennes ne peuvent faire face aux loyers mensuels des banques, et réclament à cor et à cri une aide de l'État. Au lieu de faire payer aux actionnaires leur frivolité antérieure, les entreprises du secteur demandent donc un nouvel effort à leurs clients, *via* leurs impôts ; d'ailleurs, le Trésor américain, conseillé par un ancien dirigeant de Goldman Sachs, firme éminente de Wall Street, a bien compris la manœuvre, et réclame, en échange de son aide, une clause de retour à meilleure fortune, sous forme de participation au capital des compagnies aériennes.

2) Les compagnies d'assurance découvrent aujourd'hui que leur matelas de réserves accumulées au fil des ans — ce qui constitue fondamentalement leur métier de protection — pourrait être insuffisant face aux récents risques directs et indirects (11 septembre, mais aussi tempêtes tropicales, explosions industrielles, etc.) et en appellent aux pouvoirs publics pour socialiser leurs pertes, arguant du caractère « étatique » du risque terroriste (que dire du risque climatique, médical, nucléaire, etc. ?). Or cela fait des années que ces mêmes assureurs distribuent une partie de leurs réserves à leurs actionnaires : après d'intenses batailles tarifaires (concurrence des mutuelles, restructuration, conquête de parts de marché), les résultats techniques des assureurs ressortent largement déficitaires, et leurs bénéfices proviennent des dividendes et plus-values sur leurs réserves, normalement destinés à couvrir leurs risques, et aujourd'hui amoindris par la chute des marchés boursiers. Un groupe comme AXA a ainsi vu son ratio technique en non-vie passer de 103 % en 1994 (c'est-à-dire une marge négative de 3 % sur ses primes encaissées) à 123 % en 2000 (marge négative de 23 %) ; cette même perte technique atteint 132 % aux AGF, 108 % chez son actionnaire allemand Allianz ou chez le Suisse Zurich et 122 % en moyenne chez les assureurs nord-américains.

C'est pourquoi on voit aujourd'hui l'administration dite « ultralibérale » Bush se porter au secours des compagnies d'assurance, en proposant de couvrir le « risque terroriste » pour les sinistres dépassant 20 à 30 milliards de dollars.

3) Une compagnie pétrolière comme Total pourrait légitimement s'interroger après le 11 septembre sur sa stratégie de diversification de ses risques, alors que 50 % de sa production de brut provient encore du Moyen-Orient et d'Afrique. En fait sa réaction immédiate consiste une fois de plus à privatiser les profits, et laisser les pertes (marée noire de l'*Erika*, explosion de l'usine AZF, etc.) à la charge de la collectivité : la réponse de Total consiste à racheter ses propres actions afin de soutenir le cours de Bourse et faire plaisir à ses actionnaires. Cette politique de rachat massif d'actions, initiée en 1999, a entraîné le décaissement de la modique somme de 65 milliards de francs en 3 ans, dont 7 milliards estimés dans les jours suivant l'attentat du 11 septembre !

Pourtant, la collectivité — et l'intérêt bien compris et à long terme des actionnaires de Total — aurait préféré voir ces importants capitaux investis dans l'exploration de nouveaux gisements (ses réserves d'hydrocarbures à fin 2000 ne ressortent pas supérieures à celles des autres majors), dans la modernisation de sa flotte de transport maritime (au lieu d'utiliser des navires-poubelles type *Erika*), ou encore dans la reconversion de ses usines d'engrais (comme AZT Toulouse) ; en effet, leur fermeture fut scandaleusement retardée quoique devenue inéluctable, pour des raisons non seulement écologiques mais économiques (délocalisation de la pétrochimie sur les champs d'hydrocarbures, où les matières premières sont quasiment gratuites).

4) Les événements de septembre 2001 interviennent dans un contexte d'extrême fragilité financière des entreprises, après une décennie de transformation de leurs bilans : sous l'influence des Bourses en folie et en particulier de Wall Street (croissance moyenne annuelle des cours de + 19 % dans la décennie 1990), et grâce aux bas taux d'intérêt, les sociétés américaines et internationales ont massivement remplacé du capital par des dettes ; aujourd'hui le rapport entre l'endettement des entreprises non financières américaines et le PIB atteint 46 %, contre 38 % en 1993 et 31 % au début des années 1980 (il atteint le même ordre de grandeur pour les entreprises de l'Euroland).

L'exemple de l'opérateur téléphonique France Telecom illustre bien la folie dépensière durant la bulle TMT : il a accumulé en trois ans près de 75 milliards d'euros de dette (65 en direct et 10 chez son associé allemand Mobilcom), soit la somme astronomique de 500 milliards de francs, dont une partie dépensée pour les licences de téléphonie mobile UMTS. Les prix de ces dernières ont été fixés après des appels d'offres en Angleterre et en Allemagne, auxquels avaient librement concouru les principaux opérateurs européens, qui, à l'époque, rêvaient d'accaparer les profits futurs ; il n'en est que plus choquant d'assister aujourd'hui à la très forte révision à la baisse (23 milliards de francs d'économie estimée par opérateur...) du prix de ces licences par le gouvernement « socialiste » français, qui nationalise ainsi les risques financiers d'une technologie qui s'est révélée beaucoup plus coûteuse et aléatoire que prévu.

À la réouverture de Wall Street le 17 septembre, les entreprises américaines ont repris massivement leur politique suicidaire (destruction de leur capital remplacé par des dettes) de rachat de leurs propres actions, afin de soutenir leurs cours de Bourse, avec la complicité des autorités américaines (le motif était plus noble qu'antérieurement, où il s'agissait de faire monter les cours pour valoriser les *stock-options* des dirigeants). Cette politique de rachat d'actions (50 milliards de dollars annoncés dans la semaine suivant le 11 septembre) a explosé durant la décennie 1990, où les entreprises américaines ont racheté en Bourse pour 1 200 milliards de dollars de leurs propres actions, soit l'équivalent d'un point de PNB par an... Cela revient à privatiser les profits deux fois : par la distribution des dividendes *et* par les rachats d'actions.

5) La fragilité financière des firmes se combine avec l'irresponsabilité de leurs managements, dont un bon exemple est à nouveau fourni par la stratégie récente de France Telecom ; sous le parapluie de l'État actionnaire majoritaire (nationalisation des pertes...), ses dirigeants se sont laissé enivrer par la bulle TMT alimentée par les *investment banks* anglo-saxonnes, au point d'en oublier toutes règles de minimisation des risques. Dans leur stratégie (certes justifiable par les économies d'échelle) d'expansion internationale, à l'instar de leur grand concurrent Vodaphone, ils ont accumulé les erreurs : non seulement ils ont surpayé leurs cibles, et en particulier Orange, mais surtout ils n'ont pas couvert leurs risques financiers (contrairement d'ailleurs à Vodaphone) ; du coup, ils ont été contraints de racheter plus de 100 millions de leurs propres actions, et s'exposent aujourd'hui à une moins-value latente de 50 milliards de

francs, soit l'équivalent de la moitié du scandale Crédit lyonnais, autre fameux exemple de socialisation des pertes.

Socialiser les profits, privatiser les pertes

Le 11 septembre ne doit pas être utilisé avec démagogie pour promouvoir les vertus de l'étatisme, même dans l'optique de collectiviser les risques ; le succès grandissant des mutuelles en tout genre apporte une réponse autrement convaincante ; par contre les vertus d'un minimum de régulation dans la sphère financière semblent revenir à l'ordre du jour, qu'elle soit exigée par en haut ou promue par les acteurs eux-mêmes ; quelques initiatives s'imposent pour que ces nouvelles règles du jeu capitaliste permettent une meilleure répartition des responsabilités, et donc des profits et pertes.

1) Moraliser la finance : il apparaît pour le moins paradoxal que les attaques du réseau Ben Laden débouchent sur un début de remise en cause par les États-Unis de l'ultralibéralisme financier, au moins dans une de ses manifestations les plus choquantes : les paradis fiscaux. Instruments privilégiés non seulement des réseaux terroristes mais aussi des trafiquants de drogue, de la corruption politique, ou encore de l'évasion fiscale, les places financières *offshore* ont traditionnellement prospéré sous couvert de la libre circulation des capitaux, essence du système capitaliste. Aujourd'hui, il apparaît impensable, par-delà les besoins immédiats de la CIA et du Département d'État américain, que cette hypocrisie se poursuive : les banques et compagnies d'assurance des pays riches ont évidemment les moyens de stopper le recyclage de l'argent sale en provenance des paradis fiscaux, y compris des pays dits intermédiaires (Suisse, Luxembourg, Liban, etc.) ; qu'ils ferment leurs comptes de correspondants, leurs prises de garanties ou encore leurs activités de marché (notamment dérivées), avec leurs succursales ou les multiples entités financières implantées dans ces pays, et la machine à blanchir l'argent se grippera rapidement.

2) Moraliser les pratiques financières des entreprises : l'éclatement de la bulle TMT a mis au jour un grand nombre de manipulations comptables et financières, inventées puis encouragées par les grandes banques d'investissement inter-

nationales, et cautionnées par les grands cabinets d'audit anglo-saxons ; l'approfondissement de la crise après le 11 septembre et les mauvais résultats financiers des entreprises devraient pousser à diverses réflexions :

— La vogue des fusions-acquisitions fut favorisée par diverses facilités en matière d'enregistrement comptable des écarts d'acquisition (c'est-à-dire la différence entre le prix d'achat et la valeur comptable de l'entreprise visée ; à titre d'exemple, elle atteignait le montant pharamineux de 60 milliards de dollars chez la firme hightech JDS) ; une réponse simple consisterait à obliger les entreprises à enregistrer dans leurs comptes tout écart d'acquisition, à l'amortir sur une période courte, et lui interdire de rémunérer ses actionnaires en cas de perte comptable consécutive ; on se situerait ainsi clairement dans la logique de « privatiser les pertes ».

— La pratique des rachats d'action devrait être interdite ou à tout le moins très fortement encadrée ; dans l'immédiat, on devrait obliger les entreprises à enregistrer en diminution de leurs fonds propres les pertes éventuelles sur rachats effectués à des cours supérieurs à celui de l'arrêté des comptes.

— Les dettes financières occultes des entreprises (*leasing*, engagements de garantie, instruments dérivés) devraient réintégrer leur bilan, afin de rétablir la vérité des ratios de solvabilité.

3) Moraliser les managements : au vu de ce qui précède, il n'apparaît pas surprenant qu'au lendemain des attentats, le discours des managements des grandes entreprises internationales se maintienne dans un horizon de court terme, avec des propos lénifiants et surtout destinés à rassurer Wall Street. Pour changer cette vision financière, héritée de la bulle, commune chez la plupart des dirigeants, et les obliger à se fixer des objectifs à moyen terme, de création de richesse collective (notamment d'emplois) et non seulement de valeur actionnariale, la mesure la plus urgente consisterait à modifier le système de rémunération des managements, en interdisant les *stock-options*, et en indexant leurs éventuels bonus sur des critères de développement durable : création ou reconversion d'emplois, moralisation de la sous-traitance, souci de l'environnement, règles de *corporate-governance*, etc. À plus long terme, l'élargissement du champ de vision des managements pourrait passer par une modification radicale de la composition des organismes de direction (conseil

d'administration ou de surveillance), avec l'entrée de représentants des salariés et de la société civile.

La crise économique et financière occidentale, aggravée par le catalyseur du 11 septembre, devrait obliger les entreprises à repenser leur mode de gestion, en réintroduisant une vision à moyen/long terme, après les excès spéculatifs de la fin des années 1990. L'ère de l'argent facile, des *golden-boys*, et autres « managers de l'année », devrait être remplacée par une réappropriation de l'intérêt collectif, et donc une répartition plus équilibrée des pertes et profits.

Conclusion
Après le 11 septembre : scénarios et mesures d'urgence

Par JEAN-MARIE CHEVALIER ET OLIVIER PASTRÉ

En ce 11 septembre 2016, le Président des États-Unis, candidat à un deuxième mandat dans moins de deux mois, a de quoi se réjouir alors qu'il descend d'*Air Force One* pour assister à la commémoration du quinzième anniversaire de l'attentat du World Trade Center. En mai de cette année, Oussama Ben Laden vient enfin de quitter ce monde, non pas arrêté par les forces spéciales de l'Alliance mais assassiné dans la forêt indonésienne par des « encore plus fous d'Allah » téléguidés par la faction extrémiste d'une Al Qeïda en complète déshérence. La joie du nouveau Président des États-Unis doit peu à ce fait divers, qui a le simple et noble mérite de marquer de manière symbolique la fin d'une époque et sûrement de permettre à quatre mille familles de franchir un seuil dans leur deuil d'un événement monstrueux mais désormais lointain. Non, la joie du Président des États-Unis tient à toute une série de bonnes nouvelles dont a été émaillée cette année 2016 :

— En janvier, l'Arabie Saoudite a élu son premier président de la République, de centre-droit, démocratiquement élu.

— En mars, la troisième Conférence mondiale sur l'énergie et l'environnement s'est conclue sur le constat que, pour la première année, l'effet de serre avait perdu de son intensité. Ce résultat a été obtenu grâce à un redéploiement énergétique entamé officiellement en 2005 et qui se traduit aujourd'hui par une croissance économique moins intense en énergie et une limitation stricte des émissions de gaz à effet de serre, les majors pétroliers américains ayant progressivement recyclé leur leadership mondial dans le secteur des énergies renouvelables.

— En mars aussi, la réunion de Prague de l'OMC a permis de constater que, d'une part, tous les pays du monde étaient enfin membres de cette organisation mais surtout, que les derniers dossiers contentieux qui « titillaient » les susceptibilités les plus exacerbées en Afrique subsaharienne avaient été bouclés dans une relative bonne humeur. Cette bonne humeur était d'autant plus naturelle que la croissance du commerce mondial dépassait les 7 % depuis six ans et, surtout, que la part des pays du Sud dans le commerce mondial avoisinait désormais 50 % (contre 30 % en 2001).

— En avril, une zone de libre-échange a été instaurée entre Israël, le Palestine, le Liban et la Jordanie, le traité fondateur de cette nouvelle ère de coopération économique ayant été signé symboliquement à Bruxelles en hommage au rôle prépondérant joué par l'Europe dans l'instauration de la paix au Proche-Orient.

— En mai, la Chine, pays le plus endetté de la planète en 2005, a pu émettre sur le marché financier américain le premier emprunt obligataire à trente ans de son histoire preuve, s'il en était besoin, de la normalisation de sa situation économique.

— En juillet, le dernier paradis fiscal, l'île de la Barbade, a accepté de ratifier les accords de Genève signés en 2011 par cent quatre-vingt-sept pays prenant l'engagement de mettre un terme à la concurrence fiscale et surtout de joindre leurs efforts pour lutter contre le « blanchiment » de l'« argent sale ».

— En juillet aussi, l'indice Worldnext, issu de la fusion entre le NYSE et Euronext, a franchi la barre des 10 000 points au terme d'une hausse continue pendant six ans.

— Enfin, sans que cela soit sanctionné par une date anniversaire précise, le Président des États-Unis vient de décider de fusionner le FBI et la CIA afin d'améliorer encore la coopération entre ces deux institutions mais aussi pour marquer le fait que, depuis plus de trois ans, aucun attentat n'a été perpétré dans le monde contre des intérêts américains.

Le Président des États-Unis, entouré des représentants des plus grandes nations, peut, en ce 11 septembre 2016, être fier.

Ce scénario, qu'Oussama Ben Laden et ses « Khmers verts » considéreront comme un scénario-catastrophe, peut parfaitement se réaliser. Aucune des conditions de sa mise en œuvre n'est *ex ante* impossible à remplir. Manquent seules, à ce jour, la volonté politique et la stratégie économique.

Pour se convaincre du réalisme de ce scénario, il faut commencer par se remettre en cause, et ce à deux niveaux au moins. Oui, les attentats du 11 septembre ont créé une *rupture*. Au plan économique, politique et social, cet événement n'a rien à voir avec la guerre du Golfe, le krach boursier de 1987, la crise russe ou même la chute du mur de Berlin (même si ce dernier événement est la cause indirecte de la situation géopolitique et géo-économique actuelle). Rupture ne veut pas nécessairement dire discontinuité. Le 12 septembre, la planète Terre n'a pas changé de cours, contrairement à ce que certains cherchent à nous faire croire. Bien au contraire, et c'est la difficulté même de l'exercice. Malgré cette continuité, ce livre, au travers de la diversité de ses angles de vue, a montré que bien des secteurs, bien des concepts, bien des enchaînements de logique économique se devaient, face à un choc exogène d'une telle ampleur et surtout d'une telle force symbolique, d'être revisités. La prolongation des tendances passées est, au mieux, naïve, au pire, source de myopie et donc cause d'erreurs, dont certaines pourraient être fatales. Même si le chiffre de 2 % pour la croissance européenne en 2002 (ou tout autre indicateur économique) est maintenu, il n'a plus, depuis le 11 septembre, la même signification car il n'a plus les mêmes ressorts. Face à cette (ces) rupture(s), il faut, à tout le moins, faire preuve d'imagination.

C'est là qu'intervient le deuxième niveau de remise en cause. Dans le match Fukuyama-Hunttington que les médias un peu intellos nous repassent en boucle depuis qu'a cessé la vision des tours en flammes, le résultat est à la hauteur de nos espérances scientifiques : match nul : 0-0. Non, ce n'est pas « la fin de l'Histoire », celle-ci laissant place à un univers éthéré de libéralisme autosuffisant. Point n'est besoin des « grains de sable dans les rouages de la finance internationale » que Tobin appelait, il y a quelques mois, de ses vœux. Ce sont de véritables pavés qui sont tombés le 11 septembre dans la mare de la mondialisation. L'Histoire, avec ses rapports de forces et ses contradictions, de même que l'ethnologie et la religion, sont plus que jamais présentes et nécessaires pour éclairer l'avenir. De même le « choc des civilisations » (décrit non par un scientifique mais par un ex-spécialiste de la lutte antiterroriste au Vietnam) a-t-il peu de chances de rendre compte de la réalité présente. Non, l'Islam ne peut être rendu responsable de ce qui vient de se passer. Le monothéisme n'est pas, en lui-même, porteur de mort. Le *djihad* est, par ailleurs, infiniment moins représentatif d'un quelconque programme politique islamique que ne l'étaient les croisades pour la chrétienté. L'attentat du World Trade Center est un attentat dont l'origine est à chercher non pas dans l'Islam mais dans le sous-développement. C'est bien plus grave car le terreau de ce radicalisme englobe l'écrasante majorité des pays musulmans mais ne s'y limite pas.

Si l'on veut contribuer à éclairer (et donc à préparer) l'avenir, il faut, et c'est tout le sens de ce livre, refuser de céder aux modes et savoir rester à sa place. Faire preuve de rigueur et de modestie. En s'appuyant sur des scénarios crédibles, définir ce qui est acquis et ce qui mérite encore débat. Bref, il faut savoir être honnête.

Trois scénarios

Cette étape est, paradoxalement, la plus facile à franchir. Si la réalité en septembre 2016 sera, comme celle d'aujourd'hui, complexe et protéiforme, les voies qui sont tracées aujourd'hui peuvent être, au-delà des spécificités sectorielles et géographiques, regroupées autour de trois scénarios centraux.

Le premier scénario est celui de la continuité. Bien sûr, rien ne sera jamais plus pareil. Mais sait-on jamais ? Le patriotisme américain au secours de la variable clé de la croissance mondiale : la consommation des ménages, seul relais possible au déficit d'investissement enregistré depuis fin 2000 ? Pourquoi pas ? Les Bourses ne se sont-elles pas déjà, pour partie, reprises ? On peut, dans ce scénario, espérer que chaque entreprise, chaque secteur, chaque pays procède aux adaptations minimales nécessaires à la relance de l'économie. Un retour à la croissance fin 2002 ? « La reprise est au coin de la rue », comme le Président Hoover se plaisait à le dire en plein cœur de la crise de 1929. Ce scénario *soft* est crédible mais n'est pas, pour autant, réjouissant. Mêmes causes, mêmes effets. Même punition, même motif. Il y a fort à craindre que, si aucun remède n'est administré, s'attaquant aux racines du mal, l'acharnement thérapeutique sur certains des symptômes soit voué à l'échec. Pourquoi les terroristes, quels qu'ils soient (et rien n'interdit de penser que, certains d'entre eux, ayant perdu leur place dans le livre Guiness des massacres, relèvent ce nouveau défi), s'arrêteront-ils en si bon chemin, portés par une opinion publique des pays pauvres (et non pas seulement musulmans) qui, qu'on le veuille ou non, qu'on l'approuve ou non, s'est sentie « vengée » par le massacre du 11 septembre ? Cela prendra peut-être du temps parce que, dans ce scénario, le déluge sécuritaire rendra plus difficile toute opération terroriste. Mais de très nombreux « instruments de neutralisation » (c'est le terme employé par les professionnels de ce secteur...) existent, révolution technologique oblige, qui n'ont pas encore été testés ! Et puis le temps passe, la vigilance se relâche. Bref, à nouveau l'horreur après une plus ou moins courte période de rémission.

Le deuxième scénario est encore plus inquiétant. C'est le scénario-catastrophe. Sans même attendre, le scénario du fractionnement se met en place. Traumatisé par le drame du 11 septembre, chacun au niveau micro-, méso- et macroéconomique, se replie sur lui-même. Tétanisé par ce qu'il a vu des actions ou des réactions du camp adverse, il se fige. Le fractionnement va se décliner alors à trois niveaux. Le fractionnement Nord-Sud est le plus voyant. Les pauvres, même « vengés », vont saisir toute « balle au bond » pour affirmer leur différence. Ces « balles » pourront être issues d'abord d'erreurs balistiques, puis de maladresses diplomatiques, enfin de différends économiques. Le résultat sera le même. Le Sud se sentira plus humilié. Et le fera payer. Mais, malheureusement, ce fractionnement ne sera pas le seul, chacun des deux autres nourrissant le premier. Au sein des pays riches, le fractionnement, en œuvre bien avant le 11 septembre, se creuse. Le Sud n'a pas le monopole des exclus. Ce qui, avant le 11 septembre, n'était qu'une injustice sociale pourra devenir à l'avenir un crime contre une partie de l'humanité. Et, là aussi, les représailles pourront changer de dimension, voire de nature. Enfin, troisième fractionnement, entre les pays du Sud eux-mêmes : les plaques tectoniques vont se déplacer. Comment comprendre le revirement complet de l'Arabie Saoudite et surtout du Pakistan dans des zones où le moindre déplacement d'alliance infrarégionale est porteur de conflits et de guerres ? D'origine religieuse, le droit à la différence et, donc, au conflit pourra se transformer et devenir social, voire économique. Que de pistes à creuser pour de nouveaux massacres.

Heureusement, un troisième scénario existe, celui de la mondialisation régulée. Son aboutissement, qui figure en exergue à ce chapitre, a quelques bonnes chances de se réaliser. Supposons que l'ensemble des forces économiques et politiques parviennent à tirer les conséquences du 11 septembre 2001 et parviennent à remettre en cause certains de leurs dogmes forgés au fil de leur Histoire. Supposons que des mesures soient rapidement prises afin que, pour simplifier, moins d'êtres humains n'aient plus comme choix que d'échanger leur vie contre celle des autres. Supposons que, en conservant les bienfaits de la libéralisation et de la mondialisation, on s'emploie à en limiter les méfaits. Supposons que, en tirant parti des actifs de l'économie de marché, on offre un cadre institutionnel et juridique plus efficace à celle-ci. Supposons que, ayant accepté de repenser, on accepte aussi d'agir. Tout ou presque devient alors possible.

Il n'est pas ici question de clore ce livre par un *happy end* mais simplement de dire qu'à l'irrémédiable nul n'est, en fait, tenu. Depuis les travaux pionniers du Rand Institute au lendemain de la Seconde Guerre mondiale, chacun sait que la prospective n'est pas une science exacte et que son seul mérite est d'éclairer l'avenir. Aucun des scénarios esquissés ici n'a de chance de se réaliser à l'état pur. La possibilité de réalisation de chacun d'entre eux ou, plus vraisemblablement, la nature de leur articulation dépendra de notre capacité à réagir et de la pertinence de nos réactions.

Cinq certitudes

Procédons par élimination. Que de choses ont été dites, écrites et, parfois, pensées depuis le 11 septembre. À l'examen de ce capharnaüm intellectuel, il est possible d'extraire quelques invariants qui permettent de cadrer toute réflexion à venir. Comme presque toujours, ces certitudes s'inscrivent en négatif.

NON À L'HYPOCRISIE ET À L'IRRESPONSABILITÉ

Quand, à l'unisson des tours, d'anciennes certitudes s'écroulent, le champ est laissé libre au rêve et donc, souvent, au surréalisme. Que n'a-t-on pas lu depuis cinq mois ? La fin des marchés financiers ? Cela en arrangerait certains. Mais cela n'est ni souhaitable ni réaliste. Un nouveau choc pétrolier ? L'Histoire bégaie parfois mais ne se répète jamais à l'identique. La fin des transports internationaux ? La téléconférence n'est pas l'avenir de l'Homme. Une relance budgétaire européenne ? Nos marges de manœuvre ne sont (malheureusement) pas celles des Américains. On pourrait allonger presque à l'infini la liste des scénarios pieux (comme les vœux). Mais plus graves que les fantaisies prospectives nous semblent être les illusions rétrospectives. Dans la mise à nu des racines du mal actuel, il faut parfois piocher en profondeur et donc dire « non » à la candeur et, pire, à l'hypocrisie. Soyons lucides. L'attentat du 11 septembre n'est pas le fruit d'une génération spontanée. Pour ne prendre que l'exemple le plus aveuglant et le plus extrême, il faut avoir le courage de dire (pour mieux comprendre) qu'Al Qeïda a été massivement financé et armé par la CIA. De même, il faut avoir le courage de recenser tous ceux, en dehors même du monde arabe, qui avaient intérêt à la montée de l'islamisme. Que de laïcs et, plus encore, que de chrétiens se complaisaient, qui pour un oléoduc, qui pour un nouveau marché, dans les dérèglements de la mondialisation...

Pour éviter de retomber dans les ornières intellectuelles du passé, il va nous falloir un peu de courage et beaucoup d'imagination. Avez-vous noté comme le prix des licences UMTS a baissé en quelques semaines ? Avez-vous noté combien la taxe Tobin apparaît désuète aujourd'hui, alors que le problème est désormais d'éliminer tout « grain de sable » dans le fonctionnement des marchés financiers internationaux ? Avez-vous noté combien même certains principes juridiques supposés intangibles connaissent, si ce n'est encore des adaptations, au moins des modifications radicales d'interprétation (du prix de l'UMTS à la notion même de risque assurable) ? On se réjouira de la clôture prématurée de nombreux débats dont la stérilité paraît aveuglante avec le recul. Mais cela n'a de sens que si l'on en ouvre d'autres plus fertiles. Pour cela il ne faut pas hésiter aujourd'hui à poser des « questions qui fâchent ». Contrôle des changes dans certains pays du Sud, politique d'immigration dans certains pays du Nord, redéploiement énergétique, réforme radicale des mécanismes d'intégration européenne... La liste est longue des chantiers de réflexion qu'il est urgent d'ouvrir.

NON AU PESSIMISME

Outre que ce serait le plus beau cadeau que l'on puisse faire aux terroristes, le pessimisme (qui a rang désormais de nouvel agent économique) n'a pas de raison d'être aujourd'hui. Comme l'ont montré de nombreux chapitres de ce livre, la crise était, dans de nombreux secteurs et dans de nombreux pays, préalable aux attentats. De ce point de vue, le 11 septembre a joué le rôle, qui n'est pas en soi malsain, de révélateur, d'« accélérateur des particules » économiques. En exacerbant des tensions, sinon occultes, au moins dont l'éclairage était dans certains cas particulièrement tamisé, cette crise nous oblige à réagir.

Et c'est là le deuxième ingrédient de notre optimisme. À chaud, la plupart des mécanismes de coupe-circuit et d'allumage automatique ont fonctionné. Pour n'en prendre qu'un exemple, nombreux étaient ceux qui, en toute bonne foi, croyaient à l'éclatement d'une crise financière et bancaire systémique lors de la réouverture de Wall Street le 17 septembre. Grâce à la réactivité de tous, y compris de la BCE (ce qui n'est pas peu dire), le pire a été évité. Il est plus que jamais possible et donc nécessaire de faire confiance aux institutions que cinquante ans de démocratisation et vingt ans de libéralisme ont éprouvées, parfois durement, testées et, *in fine*, validées. Reste évidemment à mener une réflexion en profondeur sur les missions et les moyens de telles institutions. FMI, Banque mondiale, CNUCED, OMC, Club de Paris, OMS, TPI : aucune semble-t-il ne devrait être dispensée d'un examen de conscience approfondi. Après tout, ne peut-on considérer le plan Marshall comme le produit, moins indirect qu'il n'y paraît de prime abord, du drame de Pearl Harbor ? L'occasion se présente à nouveau. Préparons-nous à esquisser les contours d'un nouveau plan Marshall. Mais à l'échelle de la planète celui-là.

NON AUX MÉDECINES CLASSIQUES

Bush a, à la surprise générale, donné le bon exemple. Lui, le libéral convaincu s'étant fait élire sur un programme de guerre à la fiscalité, s'est mué, au lendemain du 11 septembre, en fervent défenseur de la dépense publique comme instrument de relance économique. Ne nous trompons pas : Bush n'est pas devenu, comme l'ont écrit certains, keynésien. Sans rien renier de ses convictions économiques, la décision qu'il a prise est de nature politique : les libéraux plus encore que les keynésiens croient aux vertus des effets d'annonce. Il n'empêche : le Président des États-Unis a accepté d'écorner sa virginité libérale pour le plus grand bien de l'économie mondiale. Que, à ce titre, il soit remercié. Moins pour les quelques centaines de milliards de dollars qui vont être injectés dans le circuit économique que pour la leçon qu'il a donnée : du passé ne faisons pas table rase mais, face à l'incertitude, cessons de manger toujours la même soupe dans les mêmes assiettes.

Bush n'a pas été le seul à remettre en cause ses réflexes premiers. L'Europe a, elle aussi, réagi, en apparence au moins. Outre la solidarité dont a fait preuve la BCE à l'égard de la FED au mois de septembre, on peut saluer la rapidité avec laquelle l'intégration judiciaire européenne a progressé au lendemain des attentats. Mais l'Europe constitue un très bon exemple, à la fois de ce qui a été fait et de ce qu'il reste à faire. Car le nouveau mandat d'arrêt européen ne semble pas prêt, pour des raisons techniques mais surtout politiques, à être mis en œuvre. De même, quand on voit la ferveur quasi religieuse avec laquelle les ministres des Finances de l'Union défendent le pacte de stabilité que, à juste titre, Rudi Dornbush, professeur au MIT, qualifie de « camisole de force », on ne peut manquer d'être inquiet.

Réveillons-nous. À situation exceptionnelle, mesure exceptionnelle. Il faut que le FMI et la Banque mondiale réforment leurs procédures. Les plans d'ajustement structurels, qui trop souvent ajoutent la misère à la pauvreté de départ, ne peuvent plus constituer « l'alpha et l'oméga » de la politique économique au Sud. La conditionalité des interventions de la Banque mondiale n'a plus de sens car tout le monde sait que, corruption aidant, elle n'est pas respectée.

Il faut que FMI et BM soient moins regardants sur les conditions économiques de mise en œuvre de leurs interventions et infiniment plus vigilants sur l'environnement politique des pays auxquels ils octroient leurs financements. De même, va-t-il falloir, après le récent détour à Marrakech, retourner à Kyoto. Il n'y aura pas de solution aux problèmes énergétiques, écologiques et, donc, économiques de la planète sans négociation globale sur l'effet de serre. Le concept du « développement durable » est aujourd'hui trop flou. Il ne survivra que si, enfin, on lui donne un contenu opérationnel. Mais encore faut-il que les États-Unis n'adoptent pas la stratégie de la chaise vide. De Kyoto à Kaboul, il n'y a qu'un pas.

NON À L'ANTIAMÉRICANISME PRIMAIRE

Si le comportement des États-Unis en matière de politique environnementale est scandaleux, si le silence du principal pilote de l'aéronef mondial lors de la Conférence de Durban sur les droits de l'homme ou au cours des récentes négociations de paix au Proche-Orient est coupable, il serait trop facile d'en faire à la fois la victime des attentats du 11 septembre et le seul coupable. Ayons le courage de dire que, lorsque Madeleine Allbright, à la question : « Ne regrettez-vous pas que l'embargo contre l'Irak ait entraîné la mort de cinq cent mille enfants ? », répond : « C'est le prix à payer », c'est, à tout le moins, maladroit. Mais ayons aussi le courage de dire que, au cours des dernières années, l'Europe, (plus encore que le Japon asphyxié par la récession économique), a été en dessous de tout. N'oublions jamais que ce n'est pas l'Amérique qui a créé le communisme et le nazisme. Balayons devant notre porte. À aucun moment, l'Europe ne s'est donné les moyens de peser sur la scène internationale pour contrebalancer par un peu de laïcité et de bon sens ce qu'il convient de reconnaître comme étant une certaine religiosité économique américaine. Le 11 septembre doit apparaître comme un *booster* de la construction européenne, faute de quoi il en sera le fossoyeur.

L'Europe doit faire entendre sa voix à trois niveaux. Elle doit, sans se renier, affirmer sa solidarité avec les États-Unis dont elle partage presque toutes les valeurs. Elle doit encourager et non pas freiner un mouvement de globalisation mieux maîtrisé. C'est alors seulement qu'elle pourra faire entendre sa voix. Or, dans ce registre, les atouts de l'Europe sont nombreux : meilleure compréhension du monde et de son Histoire, meilleure régulation du libéralisme, meilleure conscience de l'effet de serre... L'Europe peut et doit être un véritable allié, c'est-à-dire un égal des États-Unis.

NON À L'INDIFFÉRENCE VIS-À-VIS DU SUD

De toutes nos certitudes, celle-ci est la seule qu'il soit facile de décliner de manière positive : la sortie de crise ne peut, en aucun cas, faire l'économie du développement des pays du Sud. Sans éradication des causes, on ne pourra, au péril de notre vie, que courir après les effets. L'arrêt de mort de la ploutocratie arrogante a été, au moins peut-on l'espérer, signé le 11 septembre. Il ne s'agit ici, en aucun cas, d'apaiser à bon compte sa mauvaise conscience. Il s'agit de réalisme économique. Il ne s'agit pas d'arroser le Sud avec quelques milliards de dollars comme on arrose l'Afghanistan avec dix-huit tonnes de beurre de cacahuète (alors que les besoins réels sont, aux dires des ONG, de cinquante mille tonnes de nourriture adaptée aux habitudes alimentaires afghanes...). Il ne s'agit même pas seulement du Sud. Il s'agit d'accepter le nouvel imperium d'un concept qui n'a rien d'original : l'interdépendance.

De même que les États-Unis vont devoir se faire au concept de multipolarité (le centre du monde n'existe pas, ou tout au moins n'est pas le même pour tout le monde), de même l'ensemble des pays du Nord vont devoir accepter l'idée que le monde est fait d'interdépendances. Les pays du Sud ne sont pas que des marchés à conquérir. Ce sont aussi des pays, non pas nécessairement à aider, mais toujours à respecter. Comme le rappelle justement Abdoulaye Wade, le président du Sénégal, « il ne peut y avoir de *free trade* sans *fair trade* ». Sans l'Argentine, pas de solution durable à la crise bovine. Sans la Turquie, pas de solution pérenne à la crise du Moyen-Orient. Sans l'Inde, pas d'équilibre stable à l'industrie mondiale des services informatiques. On pourrait multiplier les exemples dont ce livre offre une première synthèse. On a vécu, pendant vingt ans, plutôt bien pour de nombreuses minorités, sous le règne du « chacun pour soi ». Il va falloir inventer, pour le plus grand bien de tous, le règne, non pas du « tout le monde il est beau, tout le monde il est gentil » car ce monde n'existe pas, mais au moins celui des interdépendances.

Six clés pour reconstruire les nouvelles tours de l'économie mondiale

Se remettre en cause et renoncer aux facilités : telles sont les conditions nécessaires. Les conditions suffisantes sont plus difficiles à cerner. Le pari de ce livre a été, le plus vite possible, non pas de dire le vrai mais le vraisemblable. À peine six mois après le 11 septembre, il est possible non pas de décrire ce qu'il faudrait faire dans chacun des domaines qu'aborde cet ouvrage mais, au moins, quels sont les chantiers qu'il faut initier pour, dans quelques mois, être en mesure de participer à la reconstruction d'une nouvelle économie mondiale. Ces chantiers, qui constituent autant d'« utopies à réalisation vérifiable », pour reprendre l'heureuse expression de Michel Camdessus, ex-patron du FMI, sont au nombre de six.

1) POUR UNE NOUVELLE RECONFIGURATION DES ALLIANCES STRATÉGIQUES

Qui aurait dit, il y a six mois, que l'Arabie Saoudite — dirigée non par le roi Fahd très diminué par la maladie mais par le régent Abdallah, clairement antiaméricain — se rangerait dans la coalition qu'abstraitement elle condamne ? Qui aurait dit que le Pakistan, pays nucléaire, qui a massivement appuyé les talibans pour mieux gérer sa relation conflictuelle avec l'Inde, servirait de pivot logistique à l'offensive contre les mollahs ? Qui aurait dit que la Russie, dont le PNB est aujourd'hui inférieur à celui de la Hollande, ferait son *come-back* comme « grand de ce monde », recevant, en prime, à la fois l'absolution pour ses dommages bien peu collatéraux en Tchétchénie et son « bâton de maréchal » en tant que principale alternative énergétique de la planète ?

Que d'alliances se sont défaites et que de fiançailles se sont tramées en quelques semaines. Face à ce *Loft Story* planétaire, il faut à la fois être optimiste et prudent. Optimiste il faut l'être car bien des dialogues se sont renoués depuis le 11 septembre, bien des « sacs » se sont « vidés », bien des incompréhensions ont été dissipées. Aujourd'hui, l'objectif est enfin clair : la croissance mondiale et la sécurité (donc la santé) de tous. Fromage et dessert. Il faut néanmoins être prudent. Certes, rien ne ressemble plus à un terroriste qu'un autre terroriste mais rien, non plus, ne ressemble plus à un dictateur qu'un autre dictateur. S'il est plus facile, vu de Washington, de gérer un mafieux russe qu'un terroriste islamiste, veillons à ne pas détruire Charybde pour faire escale, dans cinq ans, en Scylla.

De ce point de vue, une réflexion globale sur les équilibres géostratégiques devient incontournable pour toute discipline, (bien au-delà de l'économique), relevant des sciences humaines. *Quid* du Japon, en crise civilisationnelle et néanmoins partenaire incontournable à l'est de Téhéran ? *Quid* du Mexique, qui s'est bien peu désolé du drame du 11 septembre et qui, néanmoins, constitue la principale source de main-d'œuvre des États-Unis ? *Quid* de l'Ukraine bien peu russe et néanmoins si incontournable au plan géostratégique ? Plus près de nous, *quid* de l'Europe dont l'assourdissant silence depuis le 11 septembre en tant qu'institution laisse mal augurer de notre avenir ? *Quid* de l'Europe politique ? *Quid* de l'élargissement ? Élargissement dans quelle direction ? À l'est toute ? Est-ce bien sûr ? Mais les questionnements géostratégiques ne concernent pas que les États. *Quid* de l'OTAN, trop américaine hier, trop méprisée par les États-Unis, aujourd'hui ? Le *begnin neglect* cher au père de George Bush, qui permettait de se désintéresser de tout ce qui n'était pas immédiatement utile aux États-Unis, n'est plus d'actualité. Maintenant que l'on sait où est Peshawar, il va falloir poursuivre sur cette voie et redéfinir dans le calme une nouvelle cartographie de la planète économique.

2) POUR UNE NOUVELLE DÉFINITION DE LA SÉCURITÉ ÉCONOMIQUE

L'attentat du 11 septembre a remis à l'honneur un concept oublié sous tant de richesses créées : la sécurité. Sécurité et *fair value* : quel grave dilemme. Vaut-il mieux assurer 15 % de rendement annuel à ses actionnaires ou les aider à survivre à l'anthrax ? Anthrax contre Xanax ; risque contre profit : *that is the question.*

La sécurité est un bien qui n'a pas de prix. Au Nord au moins depuis vingt ans. Celle-ci se décline à tous les niveaux. Au niveau microéconomique, c'est la vie des citoyens qui n'est plus aujourd'hui assurée. Que doivent faire les entreprises pour leurs cadres ? La téléconférence n'est pas une solution miracle. Que doivent faire les entreprises pour leur environnement immédiat ? La lumière doit jaillir des nouveaux risques que le 11 septembre a révélés. Les entreprises ne peuvent pas se contenter d'interdire à leurs cadres de prendre l'avion (et accessoirement, pour certaines d'entre elles, de tirer profit du 11 septembre pour dégraisser...). Elles doivent contribuer à assurer la sécurité des autres et d'elles-mêmes. Vaste programme. D'une façon plus générale, les entreprises, surtout les firmes multinationales, ont maintenant une très forte et nouvelle responsabilité dans la conduite de l'économie mondiale. La poursuite d'un profit raisonnable doit maintenant s'accompagner d'une responsabilité juridique, économique, environnementale et éthique.

Au niveau mésoéconomique, à quoi sert le secteur des assurances ? Il ne veut plus prendre certains risques. Est-ce normal ? Si la réponse est positive, qui doit se substituer aux gérants de notre épargne et comment ? Quelles nouvelles mutualisations mettre en œuvre pour faire face à des risques nouveaux ?

Au niveau macroéconomique enfin, les risques sont aussi présents. L'État ne peut se laver les mains des menaces à venir. Ne serait-ce que parce que celles-ci, chômage aidant, ont des impacts budgétaires et politiques. Mais, plus grave encore, l'État régalien se doit de protéger ses sujets. De Toulouse au Saint-Gothard bien sûr. Mais aussi, désormais, dans tout lieu privé et public susceptible d'être violé. Et ce sans que l'arbitrage entre sécurité et liberté se fasse au détriment de cette dernière. De ce point de vue, la nouvelle loi antiterroriste américaine qui autorise la « garde à vue à vie » (ou presque) et qui encourage la délation ne peut, quelle qu'en soit la justification sécuritaire, servir de modèle.

La sécurité n'a jamais fait partie des concepts économiques dignes d'un enseignement et de recherche en faculté. Il est temps que cela change. La sécurité n'est pas que Sociale. Elle doit aussi et surtout depuis le 11 septembre tout simplement être... sociale.

3) POUR UN RENOUVEAU DE L'ARTICULATION NORD-SUD

La voie est, dans ce domaine, toute tracée. Sans restauration d'un certain équilibre entre les inclus et les exclus de la mondialisation, il y a fort à craindre que toute réforme de la sécurité économique soit vouée à l'échec. En matière de relations Nord-Sud, il est des réformes qui ne souffrent pas discussion. Ainsi en est-il de la dette du tiers-monde. On ne peut pas exiger chaque année l'équivalent de deux plans Marshall en remboursement de dette sans désespérer à la fois Billancourt et Lomé. Le débat doit, certes, porter sur les modalités du (ou des) moratoire(s) afin d'éviter de laisser à penser aux débiteurs facilement amnésiques qu'on puisse demain, en matière de financement, « raser gratis ». Moratoire contre réforme du jeu politique comme on a eu, en Irak, « pétrole contre nourriture » ? Ou bien « moratoire sélectif », au cas par cas, comme on a eu des « frappes sélectives » en Afghanistan ? Nous serions tenté de dire : peu importe. L'essentiel est de redonner aux pays les plus endettés l'impression que leurs efforts, en matière de démocratisation comme en matière de croissance, ne sont pas, sans fin, épongés par les engagements financiers d'un autre âge. De même, la lutte contre le blanchiment (enjeu : 500 milliards de dollars par an tout de même) est un problème qui a donné lieu à des propositions précises de la part du GAFI. Certes, tous les problèmes ne seront pas réglés du jour au lendemain mais commençons avec le tout nouveau et tout soudain renfort des États-Unis et de l'Angleterre (qui est, rappelons-le, la capitale mondiale du blanchiment) par appliquer les règles qui existent déjà. Le cadre réglementaire existe ; une pincée de volonté politique doit pouvoir faire le reste.

S'il en est ainsi de certains dossiers, il en est d'autres pour lesquels tout ou presque reste à faire. Le chantier « ethnologiquement » le plus délicat à mener est celui de la réforme des institutions internationales. Celles-ci ont le mérite d'exister et le tort de fonctionner comme simple rouage d'une machine à débiter du plan d'ajustement structurel ou toute autre forme de potion néolibérale. Quand on a été habitué à mouliner du rééquilibrage budgétaire sans égards pour les conséquences sociales de celui-ci, il paraît presque déplacé d'inverser l'ordre des facteurs. Pourquoi faire compliqué quand on peut faire simple ? La réforme des mécanismes d'aide à une « meilleure interdépendance économique mondiale » est d'autant plus difficile à mener à bien que, dans de nombreux cas, l'un des partenaires au moins a intérêt au *statu quo*. Ayons le courage de regarder la réalité en face : le déficit démocratique (pour employer un langage pudique) de trop nombreux pays émergents est l'une des principales sources du non-développement de ces nations. Les pays du Nord doivent balayer devant leur porte mais, dans ce domaine, il est urgent qu'ils partagent leurs balais avec ceux du Sud. Comment, face à cette situation, réformer la conditionalité de toute aide ou de tout financement ? Conceptuellement, le chantier peut paraître facile à déblayer. Dans la réalité, sur le terrain, il y a encore beaucoup de progrès à faire. Et avant cela, à concevoir et à discuter.

4) POUR UNE NOUVELLE ANALYSE ÉCONOMIQUE DES DOSSIERS « COLLATÉRAUX »

Le développement de la planète ne se résume pas à la croissance du PIB mondial. Combien a-t-il fallu de prix Nobel pour reconnaître cette évidence ? Mais combien faudra-t-il de dirigeants, au Nord comme au Sud, pour que cette règle de bon sens soit effectivement mise en œuvre dans les faits ? C'est probablement là que les économistes sont les plus à critiquer et qu'il y a le plus de pain économique sur la planche.

Intégrer l'environnement, la santé et l'éducation dans les schémas de croissance est plus facile à dire qu'à faire. Et pourtant. Comment imaginer que la fracture sociale puisse, au Nord comme au Sud, se résorber sans que l'amélioration de l'efficacité du capital industriel ou financier puisse faire l'économie de l'amélioration du capital écologique et du capital humain ? On revient là à l'interdépendance : interdépendance entre les nations mais aussi désormais, interdépendance entre les éléments constitutifs de la croissance économique et du progrès social.

La solution ne passe évidemment pas par le retour à des incantations aussi esthétiques moralement qu'illusoires économiquement et politiquement. Il faut, là plus qu'ailleurs, faire preuve d'imagination. Comment amener les grands groupes industriels et les grandes nations derrière lesquelles, quand cela les arrange, ils se cachent, à intégrer l'environnement dans la définition de leur stratégie à long terme ? Et accessoirement, comment amener les fonds de pension, qui indirectement possèdent ces groupes industriels, à faire le lien entre cette stratégie et les services qu'ils ont le devoir de fournir à leurs mandants ? De même, comment, non pas fusionner, mais rapprocher les concepts d'amélioration du capital humain et de taux de retour sur investissement ? Celui ou ceux qui permettraient de résoudre l'une quelconque de ces équations devraient recevoir le prix Nobel d'économie et, en prime, le prix Nobel de la paix.

5) POUR UNE NOUVELLE ARTICULATION PRIVÉ-PUBLIC

Les deux derniers chantiers de réflexion et d'action sont liés entre eux (encore de l'interdépendance...) et tournent autour du statut et du rôle de l'État. L'État redécouvert, l'État réhabilité, l'État encensé. L'État : le retour. Oui, mais sous quelle forme ?

Tout a commencé lorsque l'on a découvert que la privatisation des services de sécurité des aéroports n'avait pas que des avantages et que des pompiers prêts à mourir pour sauver des vies humaines (même considérés par certains comme trop payés et trop protégés socialement), cela n'avait pas que des inconvénients. Puis tout s'est enchaîné : Vigipirate, le plan Bush... L'État était partout et l'on s'en réjouissait. Ni trop d'honneurs, ni trop d'indignité. Certains se réjouiront de ce *come-back* sans même réfléchir aux causes et aux conséquences de cette supposée évolution. D'abord s'agit-il d'un véritable *come-back* ? Contrairement aux idées véhiculées par la vulgate économique, les États-Unis (comme leur nom l'indique) n'ont jamais oublié à quoi peut servir l'État. Si les dépenses militaires américaines ne semblent pas d'une productivité aveuglante en Afghanistan, on sait aujourd'hui que c'est indirectement grâce au complexe militaro-industriel que les multinationales américaines dominent la scène marchande internationale. Par ailleurs, le plan Bush ne marque pas, en tant que tel, le retour de l'État puisqu'il sera financé en large partie par de moindres baisses d'impôts. Sachons donc raison garder.

Si, malgré ces points qui ne sont pas que de méthode, l'État, comme en toute période de crise, occupe le devant de la scène et surtout retrouve grâce aux yeux de ceux qui le financent, reste à savoir de quel État il s'agit et à quoi doit-il servir. L'État qui s'affiche en première ligne depuis le 11 septembre, c'est l'État régalien faiseur de lois et garant de la sécurité. Le retour de l'État régalien doit-il s'accompagner du renforcement de l'État-Providence, supposé réduire les inégalités ? Il paraît clairement acquis que le « tout marché » a trouvé ses ultimes limites, au pied des tours du World Trade Center bien plus qu'à Gênes. Reste à redéfinir les contours et les rites amoureux du couple (historiquement sado-masochiste) que forment le privé et le public. Et notamment d'éviter que, sous prétexte de relance et de croisade sécuritaire, l'indispensable réforme de l'État soit, en Europe notamment, repoussée aux calendes afghanes.

Ce qui est vrai de l'État est vrai de la nation. Qui dit « crise » et *a fortiori* « guerre », dit « revanche de la nation ». Les États-Unis ne se sont pas privés de le faire sentir depuis le 11 septembre à leurs supposés alliés. Mais si notre thèse de l'« interdépendance retrouvée » se vérifie, cette interdépendance pourra-t-elle se limiter à l'interdépendance entre nations ? *Quid* d'entités comme les ONG (plus de trente mille aujourd'hui contre quelques centaines il y a dix ans) ou les grands groupes multinationaux qui, dans des genres différents, participent de plus en plus activement à l'éclatement des crises et à leurs débouclages et qui contribuent à la multiplication de contre-pouvoirs, sans lesquels il n'y a pas de véritable démocratie ?

Si, ainsi, les débats sur l'État et la nation doivent reprendre là où on les a imprudemment laissés, il est un thème qui ne souffre plus aucun débat de principe. C'est celui de la régulation. N'oublions pas que, depuis la fin de la guerre froide, le monde est orphelin de régulation mondiale. Par rapport à cette régulation passée (critiquable certes mais, sinon efficace, au moins opérationnelle pendant plus de trente ans), le 11 septembre a marqué les limites d'une mondialisation débridée. L'animal capitaliste est trop fougueux pour ne pas être bridé. Dans tous les domaines abordés dans ce livre, le besoin de régulation nouvelle se lit en relief ou en creux. Ceci pose la question du poids respectif de l'économique et du politique. Le retour du politique est une bonne chose. Le lecteur ne sera pas toutefois surpris que les économistes que nous sommes tempèrent quelque peu le récent enthousiasme déchaîné par le retour du politique. Le passé dans ce domaine nous a incité à beaucoup de prudence. Politique, que de crimes ne commet-on pas en ton nom ? À ceci s'ajoute que l'agent qui, le plus, a un besoin objectif de paix, c'est l'agent économique. Sans paix, il n'y a pas de marché. Ne désespérons donc pas subitement des forces du marché.

6) POUR UNE REFONDATION DE LA DÉMOCRATIE

Last but (de très loin) *not least,* aucun optimisme n'est permis si, quelles que soient les mesures prises et quelles que soient les bonnes intentions affichées, la sortie de crise fait l'impasse sur la démocratisation. Entendons-nous d'abord sur la définition de ce terme. Promouvoir la dynamique démocratique ne consiste pas à organiser des élections libres dans tous les pays. Cela, malheureusement, va beaucoup plus loin. Pour ne prendre qu'un exemple développé dans ce livre, il est clair que la multiplication des circuits de financement illégaux contribue à rendre plus difficile l'exercice de la démocratie. C'est donc, comme pour la crise économique, aux racines du mal qu'il faut s'attaquer. Où il est à nouveau question d'éducation, entre autres.

Il est clair que le déficit démocratique est particulièrement lourd dans les pays du Sud. On ne peut pas avoir continûment, pendant trente ans, financé et encensé des dictateurs sans que, dans de nombreux pays, la notion de démocratie paraisse, à tout le moins, superflue. On ne peut ériger le général Musharaf en pilier du monde libre sans donner à réfléchir (voire à agir) à quelques citoyens du sous-continent indien.

Ce dernier chantier est, on le comprendra, de très loin le plus urgent et le plus vaste. Car le Sud n'est pas seul en cause. N'oublions pas, comme le note l'écrivain Ismail Kadaré, que « plus la démocratie est forte, plus elle se fragilise ». Les pays du Nord, outre les problèmes de démocratie qu'ils ont déjà à affronter, vont donc se retrouver, pour les années à venir, face à un arbitrage entre sécurité et liberté qu'il ne sera pas facile de rendre. La tradition américaine d'*habeas corpus* a, en effet, subi en quelques mois plus d'accrocs qu'au cours des deux décennies précédentes. Ne nous berçons donc pas d'illusions. Et ce d'autant plus que, même si, à ce jour, les débordements ont été relativement peu nombreux, les auteurs de ce livre ne sont pas les seuls à avoir pensé que le 11 septembre marquait un tournant et que ce qui paraissait impossible ou impensable avant devenait aujourd'hui tentant. Certains groupes terroristes y ont peut-être pensé aussi. Si, contrairement aux précédentes clés de reconstruction, celle-ci ne donne pas lieu de notre part à des pistes d'actions, cela est, bien sûr, dû à notre statut d'économistes peu enclins à traiter des sujets qui ne sont pas les nôtres. Mais cela est dû aussi au fait que, en matière de démocratie, il est urgent de réfléchir avant d'agir. Au doute scientifique doit toujours, dans ce domaine, s'adjoindre la prudence citoyenne.

Telles sont, à nos yeux, les six clés qu'il faut manœuvrer, avec prudence, pour construire une économie mondiale qui ne soit pas durablement et fondamentalement une « économie de guerre », c'est-à-dire une économie dans laquelle une fin égoïste, dans un réflexe de défense, justifie les moyens, tous les moyens. Le lecteur sera peut-être déçu de ne pas avoir trouvé de recettes miracles. Qu'il nous en excuse. Notre état d'esprit, au terme de ce livre, est résolument optimiste. On ne sait pas, certes, avec précision ce qu'il faut faire dans les mois à venir. On ne sait pas non plus exactement ce que l'on va trouver, mais désormais on sait et, nous l'espérons, le lecteur avec nous, où il faut creuser. Pour que les générations à venir considèrent 2002 comme nous considérons aujourd'hui 1945. La fin d'une époque, enterrée dans le sang et les larmes mais aussi l'aube d'un Nouveau Monde.

Présentation des auteurs

François-Xavier Albouy est économiste, chargé d'enseignement et coordinateur du DESS Techniques de l'assurance et management des risques à l'université de Paris-Dauphine. Il a participé à plusieurs programmes européens d'assistance technique et d'expertise en matière de gestion des risques et d'assurance.

Wladimir Andreff, professeur à l'université Paris-I (Panthéon-Sorbonne), est directeur honoraire du ROSES (CNRS), ancien président de l'European Association for Comparative Economic Studies. Il a publié huit ouvrages et en a cordonné dix autres sur la mondialisation, les firmes transnationales et les économies émergentes et en transition.

Patrick Artus, diplômé de l'ENSAE et de l'IEP, est directeur de la Recherche et des Études de CDC IXIS (Banque d'investissement de la Caisse des dépôts et consignations). Ses travaux de recherche lui ont valu le titre de meilleur économiste de l'année 1996 décerné par *Le Nouvel Économiste*. Il est membre du Conseil d'analyse économique et de la Commission économique de la Nation.

Jean-Paul Betbèze est directeur des études économiques et financières du Crédit Lyonnais et professeur à l'université Paris-II. Ancien président de l'Association française des économistes d'entreprise, ancien secrétaire général de la Société d'économie politique et de l'Association française de science économique, il est vice-président de la Commission des affaires économiques et financières de l'UNICE et membre du groupe « croissance » du MEDEF.

Christian de Boissieu est professeur à l'université Paris-I (Panthéon-Sorbonne) et au Collège d'Europe (Bruges). Il est également directeur scientifique du Centre d'observation économique de la Chambre de commerce et d'industrie de Paris et membre du Conseil d'analyse économique auprès du Premier ministre. Pour l'ensemble de ses travaux sur les politiques économiques, les questions monétaires, financières et bancaires et l'intégration européenne, il a reçu en 2001 le prix Zerilli Marimo.

Anton Brender est président de CPR Gestion, ancien directeur du CEPII, et professeur associé à l'université Paris-Dauphine. Parmi ses publications figurent *L'Impératif de solidarité*, *La France face à la mondialisation*, et, avec Florence Pisani, *Le Nouvel Âge de l'économie américaine* et *Les Marchés et la croissance*.

Paraskevas Caracostas, docteur en sciences économiques, est impliqué depuis treize ans dans la politique européenne de la recherche. Responsable de l'unité de « Prospective scientifique et technologique » (D. G Recherche de la Commission), il a publié de nombreuses études dans le domaine de l'économie industrielle et de la politique scientifique.

Jean-Marie Chevalier est professeur à l'université Paris-Dauphine, directeur du Centre de géopolitique de l'énergie et des matières premières. Il est aussi directeur au Cambridge Energy Research Associates (Paris). Parmi ses ouvrages : *Le Nouvel Enjeu pétrolier, L'Économie industrielle en question, Économie industrielle des stratégies d'entreprise.*

Pierre Dockès est professeur à l'université Lyon-II et chercheur au Centre Walras. Il a publié de nombreux ouvrages, en particulier *Pouvoir et autorité en économie, La Société n'est pas un pique-nique, Léon Walras et l'économie sociale, La Libération médiévale* et, en collaboration avec Bernard Rosier, *L'Histoire ambiguë* et *Rythmes économiques*.

Claire Dreyfus-Cloarec, économiste, a enseigné à l'université Paris-Dauphine, puis a exercé différentes fonctions à la direction du Trésor, au ministère des Finances. Depuis 1990, elle a dirigé plusieurs grandes entreprises dans le secteur des transports. Elle est aujourd'hui la directrice « Économie et Finances » de la SNCF.

Patrice Goeffron est professeur à l'université Paris-XIII dont il dirige la faculté d'économie. Spécialiste d'économie industrielle et financière, il suit la conjoncture économique japonaise pour *Le Monde* depuis 1997. Parmi ses publications figure *La Crise financière du modèle japonais.*

Pierre-Noël Giraud est professeur à l'École des Mines de Paris, directeur du CERNA et professeur associé à l'université Paris-Dauphine. Ses derniers ouvrages publiés concernent la mondialisation et les inégalités : *L'Inégalité du monde, Le Commerce des promesses : Petit traité sur la finance moderne.*

Jean-Hervé Lorenzi est professeur à l'université Paris-Dauphine et directeur du DESS Techniques de l'assurance et management des risques. Il est conseiller du Directoire de la Cie Financière Edmond de Rothschild Banque, membre du Conseil d'analyse économique et président du Cercle des économistes. Parmi ses publications : *La Crise du XXe siècle, Le Choc des progrès techniques, Encyclopédie de l'assurance, Politiques industrielles pour l'Europe.*

Charles-Albert Michalet est professeur d'économie à l'université de Paris-Dauphine. Il est membre du Centre de géopolitique de l'énergie et des matières premières et du Forum-Cerem. Il est consultant auprès de différentes organisations internationales. Il a publié *La Séduction des Nations ou comment attirer les investissements, Le Capitalisme mondial, Strategies of multinationals and compétition for foreign direct investment.*

Bernard de Montmorillon est professeur à l'université Paris-Dauphine et président de cette université. Il travaille à l'articulation de trois champs : la théorie des organisations, le management stratégique et la gestion des ressources humaines. Parmi ses publications : *Structures et stratégies des groupes industriels, Organisation et gestion de l'entreprise.*

Ugur Muldur est docteur en sciences économiques. Après avoir été directeur d'étude à la Caisse des dépôts, il a rejoint la Commission européenne en 1990. Au sein de la direction générale Recherche, il a mis en place et dirige l'équipe d'analyse économique. Ses publications concernent l'économie bancaire et l'économie du progrès technologique.

Dominique Namur est professeur à l'université de Bretagne occidentale. Longtemps consultant auprès de plusieurs institutions financières, il est aujourd'hui conseiller scientifique au Commissariat général au Plan et membre du laboratoire

ICI. Ses publications sont centrées sur les thèmes de la finance internationale et des hautes technologies.

Olivier Pastré, professeur à l'université Paris-XIII, est également président d'IM Bank (Tunis), membre du Conseil scientifique de la COB et directeur scientifique de la *Revue d'économie financière*. Il est l'auteur, entre autres de *La Stratégie internationale des banques américaines*, *La Crise du XX*e *siècle*, *Les Nouveaux Piliers de la finance* et *La Banque*.

Jean-Paul Pollin est professeur à l'université d'Orléans où il dirige l'École doctorale des sciences de l'homme et de la société. Ses recherches portent sur les questions monétaires et financières. Il est vice-président de l'Association française de science économique et président de la *Revue économique*. Parmi ses nombreuses publications sur les problèmes monétaires et financiers figure *Les Théories de la monnaie*.

Michel Vigier, analyste financier, a été, de 1989 à 2001, directeur général ou conseiller de la présidence de différentes banques d'investissement françaises. Il est aujourd'hui gestionnaire de portefeuilles « éthiques ».

Table

II

LES SECTEURS EXPOSÉS

III

RISQUES ET INCERTITUDES

CET OUVRAGE A ÉTÉ COMPOSÉ
ET MIS EN PAGE CHEZ NORD COMPO (VILLENEUVE-D'ASCQ)
ACHEVÉ D'IMPRIMER SUR ROTO-PAGE
PAR L'IMPRIMERIE FLOCH À MAYENNE
EN JANVIER 2002

N° d'impression : 53357.
N° d'édition : 7381-1128-X.
Dépôt légal : janvier 2002.

Imprimé en France